테크센싱
2020

미래 비즈니스를 꿰뚫는 힘

테크센싱
2020

윕스(WIPS) 지음

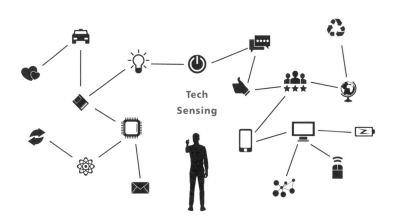

Tech
Sensing

한국경제신문

·차례·

I 스마트 홈
IoT 기술 확산과 5G가 만드는 세계

IV 컬처 쇼크 💬

AR과 VR로 즐기는 세상

V 디지털 금융 📟
핀테크, 가상화폐, 블록체인 혁명

4차 산업혁명의 신세계로 들어가는 문, 특허 비즈니스 트렌드

"듣고 말하는 똑똑한 냉장고를 소개합니다."

최근 출시된 한 냉장고를 소개하는 광고 문구다. 냉장고가 스스로 내부를 검사해 소비자에게 어떤 식재료가 있는지, 유통기한은 언제까지인지, 부족한 식자재가 무엇인지 정확하게 알려준다. 일일이 냉장고를 뒤질 필요가 없다. 나아가 부족한 식자재를 인터넷 쇼핑몰에 자동으로 주문할 수도 있다. 주방에서 요리를 하다 보면 두 손이 자유롭지 못한 경우가 많다. 그래서 냉장고에 음성인식 기능까지 추가했다. 별도로 화면을 터치할 필요 없이 말만 하면 냉장고가 알아서 인터넷을 검색해주고 쇼핑까지 처리해주는 등, 다양한 서비스를 제공한다. 그야말로 더 똑똑할 수가 없는 냉장고다. 그러나 인공지능을 갖춘 냉장고의 스마트 기능이 어디까지 진화할지는 아무도 모른다.

 "이따 샤워하고 나오면 볼 수 있게 어제 저녁 때 못 본 드라마 찾아놔줘."

텔레비전에 대고 이렇게 말한 다음 욕실에서 샤워를 마치고 나오면 거실에 있는 텔레비전에서 어제 저녁때 방영했던 드라마가 시작된다. 요즘 새로 나온 똑똑한 텔레비전 이야기다. 더는 신문에 나오는 텔레비전 프로그램을 들여다보거나 리모컨을 누르며 열심히 채널을 탐색할 필요가 없다. 보고 싶은 것이 있을 때 텔레비전을 향해 명령만 내리면 알아서 척척 찾아 보여준다.

사물인터넷과 인공지능이 연결하는 새로운 세상

아직도 마트에 가서 직접 장을 보고, 리모컨을 누르며 텔레비전을 작동하는 중장년층이 대부분이지만 우리가 느끼지 못하는 사이에 세상은 참으로 빠르게 변해가고 있다. 이와 같은 변화는 사물인터넷 Internet of Things(약칭 'IoT'. 인터넷을 기반으로 모든 사물을 연결해 사람과 사물, 사물과 사물 간 정보를 상호 소통하는 지능형 기술 및 서비스), 빅데이터 Big Data(디지털 환경에서 생성되는 대규모 데이터. 생성 주기가 짧으며 수치 데이터뿐 아니라 영상 데이터를 포함한다), 인공지능 Artificial Intelligence(약칭 'AI'. 인간의 학습 능력, 추론 능력, 지각 능력, 자연언어의 이해 능력 등을 컴퓨터 프로그램으로 실현한 기술)과 같은 첨단 정보통신 기술의 급속한 발전과 더불어 이루어지고 있다. 전문가들은 산업 전반에 걸친 이러한 변화를 4차 산업혁명이라고 한다. 우리는 지금 4차 산업혁명 시대를 살아가고 있는 것이다.

초연결Hyper-Connectivity(일상생활에 정보 기술이 깊숙이 들어오면서 모든 사물이 거미줄처럼 인간과 서로 연결되어 있는 상태)과 초지능Super-Intelligence(인간을 초월하는 매우 뛰어난 능력을 가진 인공지능)이 특징인 4차 산업혁명은 기존의 산업혁명에 비해 더 넓은 범위에 걸쳐 더 빠른 속도로 영향을 끼치고 있다. 따라서 앞으로는 서로 다른 기술 간에 융합이 확대되면서 산업 사이의 경계가 무너져, 비즈니스 환경이 더욱 치열하고 복잡해질 것으로 예상된다.

"그렇다면 4차 산업혁명 시대에 한 국가와 기업이 살아남으려면 어떻게 해야 하는가?"

지구상에 있는 모든 국가와 기업은 예외 없이 이 엄중한 질문 앞에 마주하고 있다. 수많은 전망과 대안들이 쏟아지고 있지만 정말 중요한 것은 우리가 어렵사리 개발한 기술과 지식재산을 다른 나라나 기업에 허무하게 빼앗기지 않도록 철저히 보호하는 일이다. 그다음은 역설적이지만 다른 나라나 기업이 개발한 기술 전략과 비즈니스 변화를 빠른 속도로 습득하는 일이다.

미래를 읽는 가장 똑똑한 전략, 특허 정보

기술과 지식재산을 보호하기 위해 마련된 제도적 장치가 바로 '특허'

다. 세계 각국의 특허청을 통해 공개된 수많은 특허 정보는 세상에 쏟아져 나오는 새로운 기술과 기업들의 비즈니스 전략을 알려주는 유용한 정보 자원이 된다. 따라서 우리는 이 정보를 효과적으로 활용해야 한다.

세계지적재산권기구World Intellectual Property Organization, WIPO의 통계에 따르면 2015년 한 해에만 전 세계에서 약 290만 건의 특허가 출원되었으며, 이는 전년도와 비교해 약 8퍼센트 증가한 수치라고 한다. 우리나라도 연간 20만 건 이상의 특허가 출원되어 공개된다. 오늘도 계속해서 새로운 특허가 출원되고 있고, 이 특허는 일정 기한이 지나면 모두에게 공개될 것이다. 하버드 비즈니스 스쿨에서 출판된 책《지식경영과 특허전략Rembrandts in the Attic》에서도 케빈 G. 리베트Kevin G. Rivette 등의 저자들은 특허 정보가 미래 비즈니스 전쟁에서 '스마트 폭탄 Smart Bomb('똑똑한 폭탄'이란 뜻으로 유도장치를 갖춘 정밀 유도병기의 일종)'이 될 것이라 예견했다.

우리는 특정 분야의 기술을 깊이 이해하는 사람들은 아니다. 다만 15년 이상 특허 데이터를 분석하는 다양한 업무를 수행하는 동안, 많은 기업들이 노출을 꺼리는 신기술에 대한 정보와 새로운 비즈니스 전략 등을 접하며 특허 정보에 관한 일종의 통찰력 같은 것을 얻을 수 있었다. 일례로 우리는 아마존의 특허를 검토하던 중 2014년에 출원된 슈퍼마켓 매장 같은 곳에 적용될 수 있는 무인 작업장 설비와 관련된 특허를 발견했다. 당시 이 특허는 아마존의 어떤 사업 영역과도 관련이 없었다. 그런데 2016년 연말 아마존이 무인 슈퍼마켓 '아마존 고Amazon Go'에 대한 사업 계획을 발표했고, 우리가 검토했던 그 특허가 아마존의 새로운 비즈니스 '아마존 고'와 관련된 것임을 알게 되었다. 이런 경험을 토대로 우리는 빠르게 변화하는 4차 산업혁명 시대를 대비하며 고군분투하고 있는 기업들에게 도움을 주고자, 특허 정보의 드넓은 바다를 본격적으로 항해하기 시작했다.

이 작업을 통해 우리는 IBM, 구글, 인텔, 퀄컴, 아마존, 마이크로소프트, 삼성전자 등 대표적 ICT'Information and Communication Technology 기업들이 스마트 홈, 의료 분야, ARAugmented Reality(사용자가 눈으로 보는 현실 세계에 가상 물체를 겹쳐 보여주는 증강현실 기술)과 VRVirtual Reality(실제와 유사하지만 실제가 아닌 특정한 환경이나 상황을 컴퓨터 등을 이용해 인공적으로 만들어낸 가상현실 기술), 자율주행 등 미래 산업을 이끌 첨단 산업 영역 전반에 걸쳐 특허를 계속해서 출원하는 상위 기업 명단에 등장한다는 사실을 확인했다. 아울러 기술 또한 하나의 산업 분야가 아니라 여러 산업 분야에 걸쳐 융복합으로 응용되고 있다는 것과 새로운 기술이 어느 단계까지 와 있는지에 대해서도 알 수 있었다.

스마트 홈, 가상현실, 핀테크…
다양한 특허 비즈니스 세계

특히 구글은 자사의 특허 포트폴리오를 다양한 분야에 걸쳐 막강하게 구축하고 있었다. 기업을 매입한 뒤 그들이 가진 특허를 기반으로 연구 개발을 추진해 특허출원을 지속적으로 확대해 나가는 모습을 보였다. 2014년 네스트랩Nest Lab을 인수하면서 스마트 홈 관련 특허를 확보했고, 의료 분야에서도 파킨슨병 환자를 위한 스마트 스푼 Smart Spoon을 개발한 리프트랩스Lift Labs를 인수해 그들의 특허를 통해 새로운 사업 영역에서 전문성을 강화하고 있었다. 솔직히 구글이 스마트 스푼과 관련한 특허를 출원하는 상황을 목격하고는 '이 회사는 도대체 안 하는 게 뭐지?' 하는 생각까지 들었다.

우리나라 대기업인 삼성전자와 LG전자는 국내뿐 아니라 미국 시장에서도 스마트 홈 분야에서 1, 2위를 다투고 있다. 스마트 홈 관련 특허출원은 국내에서는 LG전자가 1위지만 미국에서는 삼성전자가 1위다. 이런 경우 통상 국내 1위가 해외에서도 1위를 할 것 같지 않은가? 우리는 2011년 삼성전자와 애플의 특허 전쟁으로 매스컴이 떠들썩한 사이 이 두 기업의 특허 전략을 심도 있게 분석한 바 있다.[•] 이때 삼성전자가 2010년 이후 국내에 출원한 특허의 80~90퍼센트에 이르는 특허를 해외에도 출원했다는 사실을 발견했다. 해외 특허출원을 강화하고 있다는 게 여실히 드러난 것이다. 애플의 경우 해외 특허출원이 자국 특허출원의 50퍼센트 내외 수준이라는 사실과 비교해보면, 삼성전자가 해외 특허출원에 얼마나 심혈을 기울이고 있는지 잘 알 수 있다.

이처럼 내로라하는 기업들이 미래를 위해 치열한 경쟁을 벌이는

• 〈전자신문〉, 2012년 8월 30일 1면 기사 참조.

사이 혜성처럼 등장해 주목받는 기업들도 있었다. AR/VR 분야에서는 소니, 마이크로소프트, 닌텐도, IBM, 삼성전자, 퀄컴, 구글 등이 특허를 많이 출원하는 가운데, 매직리프Magic Leap와 카밤Kabam 역시 최근 5년 동안 활발하게 특허를 출원하는 기업으로 눈에 띄었다. 그중 매직리프는 AR/VR 스타트업 기업으로, 그들의 특허를 살펴보면 증강 및 가상현실을 넘어 혼합현실로까지 영역을 넓힌 것으로 확인된다. 매직리프의 특허를 검토하면서 발견한 흥미로운 사실은, 설립자 로니 애보비츠Rony Abovitz가 개인 명의로 출원한 다섯 건의 특허 중네 건은 마코서지컬MAKO Sugical, 한 건은 매직리프로 출원인이 변경되었다는 점이다. 마코서지컬은 로니 애보비츠가 매직리프 설립 이전에 의료용 로봇 팔을 개발해 설립한 회사로, 2013년 세계 2위 의료기기업체인 스트라이커Stryker에 매각되었다. 매직리프의 특허를 보면 AR/VR 기술이 적용된 진단 분야의 특허를 확인할 수 있는데, 로니 애보비츠는 여전히 의료 분야에 관심이 많은 듯하다.

또한 우리는 자동차 분야의 세계 1위 기업인 도요타의 특허를 인용하고 있는 기업들을 분석하면서 와이트리시티WiTricity('Wireless Electricity'에서 따온 말)라는 회사를 발견했다. 이 회사의 특허는 전기 자동차의 상용화에 중요한 무선충전 기술이었다. 와이트리시티는 MIT가 개발한 공명 현상을 이용해 전기를 무선 전송하는 기술로 무선 에너지 전달 장치를 제조하는 미국 회사인데, 2011년 도요타는 이 회사에 대한 투자를 발표한 바 있다. 이 소식은 전기 자동차를 타고 집에 돌아와 주차장에서 양손 가득 물건을 든 채 차를 충전시킬 수 있는 날을 상상하게 만든다.

핀테크Fintech('금융Finance'과 '기술Technology'이 결합한 서비스 또는 그런 서비스를 하는 회사를 가리키는 말) 분야에서도 매우 흥미로운 사실을 발견하게 된다. 다른 분야에 비해 중국 기업들에 의한 특허출원이 매우 활발하다는 점이다. 전 세계 핀테크 특허출원 가운데 미국이 35퍼센트, 중국이 28퍼센트로 이 두 나라가 차지하는 비중이 무려 63퍼센트에 이르렀다.

새로운 사업 모델을 제시하고 있는 국내 기업을 만나기도 했다. 우리나라 핀테크 분야의 특허출원을 분석하다 보니 SK플래닛, KT, 신한은행, 삼성전자, LG유플러스, SK텔레콤 등 통신과 금융기관들 사이에서 비즈모델라인이라는 독특한 이름을 가진 기업이 특허출원 상위 기업으로 나타났다. 이 기업은 스타트업에 특허를 공여하고, 그들의 사업에 필요한 특허를 개발해 스타트업을 지원하며, 이들 기업으로부터 지분 또는 수익을 배분받는 방식으로 사업을 하고 있었다.

기술 부분에서는 블록체인Block Chain('공공 거래 장부'라고도 부르며 가상화폐로 거래할 때 발생할 수 있는 해킹을 막는 기술)이 흥미를 끌었다. 블록체인은 가상화폐를 안전하게 거래하는 데 필수적인 기술로, 최근 많은 기업들이 관심을 보이고 있다. 2015년부터 2016년까지 약 2년에 걸쳐 가장 많은 특허출원이 이루어졌다. 뱅크오브아메리카Bank of America Corporation가 약 30건가량으로 가장 많은 특허를 출원했지만, 중국이 미국보다 두 배가량 많은 특허를 출원했다. 중국 기업 중에서는 부비네트워크테크와 알리바바가 10여 건의 특허를 출원했는데, 그

사이 국내 핀테크 기업인 코인플러그Coinplug가 뱅크오브아메리카의 뒤를 이어 특허출원 2위 기업으로 도약해 주목된다.

미래 비즈니스를
내다보고 알아채는 눈

이 책은 4차 산업혁명의 변화를 이끌고 있는 선도적인 ICT 기업들의 특허를 비롯해 그간 잘 알려져 있지 않았던 혁신 기업들의 특허를 소개한다. 1장에서는 스마트 홈에 관한 특허에서부터 홈 네트워크를 제어하는 주요 수단인 인공지능과 이미지 센서 기술, 그리고 이와 연관된 독특한 아이디어를 만들어낸 중요한 특허까지 소개한다. 또한 홈 네트워크로 연결된 수많은 디바이스에 필요한 데이터 기록 및 저장과 관계있는 반도체 관련 특허도 다루었다. 2장에서는 IoT, 인공지능, AR/VR 등의 첨단 기술로 바뀌게 될 스마트 의료 및 헬스와 관련된 다양한 특허 기술을 소개하고, 3장에서는 전기 자동차나 연료전지 자동차와 같은 친환경 자동차, 첨단 ICT 기술의 집합체인 자율주행 자동차를 주제로, 미래 자동차 시장을 선점하기 위해 치열하게 경쟁을 벌이고 있는 자동차 기업들의 특허에 대해 이야기한다. 4장에서는 포케몬고Pokemon GO 게임으로 주목받은 AR 기술을 바탕으로 게임, 영화, 스포츠, 교육 등 문화생활 전반에 걸쳐 변화를 이끌 AR/VR 분야의 다양한 기업과 그들의 특허 기술을 소개했다. 아울러 AR/VR

의 상용화에 중요한 HMD 디바이스, 가상현실과 증강현실을 넘어 혼합현실과 관련된 특허까지 살펴보았다. 마지막 5장에서는 글로벌 금융기관들의 특허 분석을 시작으로 금융과 IT 기술의 결합인 핀테크 특허를 분석하고, 최근 관심을 받고 있는 비트코인bitcoin 등의 가상화폐 거래에 필수적인 블록체인 관련 특허도 소개한다.

이로써 독자들은 이미 알고 있는 기업일지라도 그들이 출원한 특허를 통해 그동안 알려지지 않았던 새로운 비즈니스의 방향을 읽어내거나, 모르고 있었지만 가까운 미래에 급부상할 유망한 기업에 대해 상세히 알 기회를 얻게 될 것이다. 더 나아가 먼저 미래의 변화를 상상해보면서 각자의 비즈니스에 도움이 될 단서들을 찾아낼 수 있기를 기대해본다.

끝으로 본론에 들어가기에 앞서 이 책을 더욱 깊이 있게 이해하기 위해 알아두면 좋을 특허 지식에 관해 간략히 소개하고자 한다.

특허와 특허권이란:
특허 관련 용어 알아보기

누군가 "나 특허 갖고 있어"라고 하면, 특허에 대해 조금 아는 사람일 경우 "특허권을 갖고 있구나"라고 이해한다. 그렇다면 특허와 특허권은 같을까? 엄밀히 말해 특허는 특허권을 받기 위한 일련의 행위를 통칭하며, 특허권은 이런 행위를 통해 발생한 권리를 뜻한다.

특허권이 발생하려면 특허청에 '특허출원'이라는 행위를 하고, 심사를 요청하는 '심사 청구'를 신청해야 한다. 특허청의 심사에 따라 출원된 특허는 거절될 수도 있고 등록될 수도 있다. 특허 등록이 결정되면 출원한 날로부터 20년간 독점적 권리를 행사할 수 있는 특허권이 생긴다.

우리나라를 비롯한 대부분의 국가에서 특허공개제도를 채택하고 있어, 출원된 특허는 국방상 이유 등 중대한 사유를 제외하고 1년 6개월이 경과하면 모두 공개된다. 이는 특허 제도의 근본 취지와 관련된다. 특허 제도는 기술 공개의 대가로 일정 기간 특허권자에게 독점권을 주는 대신, 공개된 기술들을 토대로 산업이 더욱 발전하도록 하는 데 목적이 있기 때문이다.

이러한 특허 행정의 단계에 따라 출원된 특허를 출원특허, 공개된 특허를 공개특허, 등록된 특허를 등록특허라고 하고, 특허 번호의 종류도 출원번호, 공개번호, 등록번호로 나뉘며, 날짜도 출원일, 공개일, 등록일로 구분되므로 혼선이 없도록 유의해야 한다. 이 책의 본문에서는 등록된 특허의 경우에는 등록번호를, 등록되지 않은 특허의 경우에는 출원번호를 각각 기재했다.

특허명세서
:

특허출원을 위해서는 특허청이 요구하는 형식과 요건을 갖춘 특허출원서를 제출해야 한다. 특허출원서에는 발명의 내용을 기록한 명세서와 발명을 설명하기 위한 도면 그리고 요약서를 첨부해야 한다. 이 중 명세서는 발명의 내용을 상세히 설명하면서 특허권으로 보호받고자 하는 내용을 작성한 것이다. 이 책에서는 명세서와 도면을 토대로 특허 내용을 쉽게 이해할 수 있게 설명했다.

발명자와 출원인
:

특허출원서에는 발명자와 출원인을 함께 기재해야 한다. 발명자는 출원하는 내용을 실제 발명한 사람을, 출원인은 특허를 출원하는 주체를 가리킨다. 어떤 사람이 자기가 한 발명에 대해 출원하는 경우라면 발명자와 출원인이 같은 사람이 되며, 향후 특허권이 발생할 경우 권리관계 등에 있어 아무런 문제가 없다. 그런데 회사에 속한 연구원이 자기 직무와 관련된 발명을 했다면 연구원이 발명자인 동시에 출원인이 될 수 있을까? 종업원이 그 직무와 관련해 발명한 것이 법인의 업무 범위에 속하고, 종업원이 발명한 그 행위가 현재 또는 과거의 직무에 속할 경우, 이러한 발명을 직무발명이라고 한다. 발명진흥법에는 직무발명인 경우 발명자는 출원인에 해당하는 지위를 사용자 즉 법인에 승계하고, 출원인의 지위를 인계받은 법인은 발명자에게 보상을 하도록 규정하고 있다. 회사에 속한 연구원이 직무와 관련된 발명을 하면 해당 연구원은 발명자가 되고, 회사는 출원인이 되는 것이다. 우리나라 특허청에 출원된 특허 중 약 80퍼센트가 법인에 의한 출원인 점을 감안하면 대부분의 특허가 발명자와 출원인이 다른 특허라 할 수 있다. 특허권은 재산권으로 권리 이전이 가능하기에 권리를 양도하거나 양수할 수 있다.

패밀리특허
:

패밀리특허는 어떤 한 건의 특허출원과 관련된 모든 특허를 말한다. 특허 제도는 속지주의 원칙에 따라 특허권을 받고자 하는 모든 나라에 출원해 등록을 받아야 하며, 각 국가 내에서만 특허권의 효력이 미친다. 즉 우리 회사의 어떤 제품과 관련된 특허를 출원할 경우, 해당 제품의 주요 시장이 한국, 중국, 대만이고 이 세 국가에서 특허권을 모두 획득하고 싶다면 한국, 중국, 대만에 각각 특허출원을 하고 등록을 받아야 하는 것이다. 그런데 언어나 절차가 각각 다른 여러 국가에 출원할 경우 발생하는 문제점을 해결하기 위해 대부분의 국가에서 파리조약의 우선권제도를 채택하고 있다. 자국 출원일로부터 1년 이내에 자국 출원을 우선권으로 해 외국 출원을 한 경우, 외국 출원의 출원일을 자국 출원일로 소급시켜 심사를 진행하는 것이다. 이처럼 자국 출원을 기초로 해외 여러 나라에 출원한 관련된 모든 특허 및 출원을 패밀리특허 또는 특허패밀리라고 한다.

국제특허분류
:

특허 문서들을 살펴보면 특허마다 영문과 숫자로 조합된 국제특허분류International Patent Classification, IPC 코드를 확인할 수 있다. 매년 엄청난 양의 특허가 출원되면서 이를 체계적으로 분류해놓지 않으면 관리와 활용이 어렵기 때문에 국제협약에 따라 공통된 특허 분류 기준을 확립하게 되었다. 이것이 바로 국제특허분류다.

인용 정보, 인용 대 피인용
:

특허를 출원해 심사하고 등록하는 과정에서 많은 인용문헌들이 제시된다. 발명자가 해당 특허를 발명하면서 본인의 발명과 유사해 참고한 선행특허를 비롯해, 심사관들이 특허 심사 중에 찾아낸 선행특허가 있다. 또한 경쟁사가 특허 등록을 저지하기 위해 유사한 선행특허를 찾아내 특허청에 이의신청을 하기도 하며, 특허 등록 이후에도 유사한 선행특허를 근거로 특허청의 등록 결정이 잘못되었다며 무효심판을 청구하기도 한다. 이렇게 특허출원 단계뿐 아니라 심사 과정이나 등록 이후에도 계속해서 다른 선행특허에 대한 정보가 생성되는데, 이러한 정보를 인용 정보라고 한다. 그리고 내가 출원한 특허를 다른 특허가 인용한 경우, 이 '다른 특허'는 피인용 특허가 된다. 특히 피인용 정보는 특허의 질적 수준을 평가하거나 중요한 특허를 골라내는 데 자주 활용된다.

그림 및 그래프 보는 법

● **특허 그림에 표기된 숫자에 대한 설명**

특허 도면은 발명에 대한 많은 구성이 들어가기 때문에 일일이 명칭으로 설명하기 어렵다. 그래서 도면의 특정 부분을 설명하기 위해 아라비아 숫자를 표기하도록 되어 있다. 예를 들어 26페이지의 그림에서 '10'은 디스플레이 장치를, '13'은 선택 버튼을 숫자로 표기하고 있는 것이다. 특허 도면에서 많은 숫자가 나오더라도 명칭 대신으로 이해하면 된다.

● **특허 그림 캡션에 괄호로 표기된 특허 번호에 대한 설명**

특허권은 국가마다 관리되는 번호 형식이 다르다. 보통 국가의 영문 약자와 숫자를 활용한다. 예를 들어 한국 특허권이라면 KR로 시작하고, 그 뒤에 10이라는 숫자를 부여 받게 된다. 그리고 그 뒤에 붙는 숫자 중 4자리의 경우 연도를 뜻하며, 그 다음의 7자리의 숫자는 서류 접수 순서에 따라 부여된다. 단 등록특허의 경우, 가운데 연도를 표기하는 4자리 숫자는 없다.

● **특허출원 추이 그래프에 대한 설명**

특허는 보통 출원 후 1년 6개월 후에 공개되기 때문에 2016년의 경우, 출원된 모든 특허가 반영된 것은 아니다. 그래서 2015년에 출원된 특허의 수보다 많이 적을 수 있음을 밝힌다.

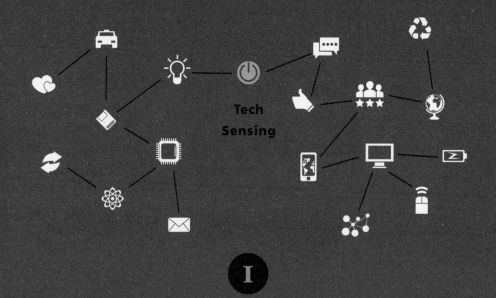

Tech
Sensing

I

스마트 홈

IoT 기술 확산과 5G가 만드는 세계

최근 우연히 시청한 텔레비전 드라마에서 이런 장면이 눈에 띄었다. 액정 디스플레이가 달린 냉장고에 주인공이 질문을 던지자 음성을 인식한 디스플레이가 또박또박 대답하는 장면이었다. 드라마를 통해 시청자들에게 새로운 기술을 접목한 냉장고를 선보인 것이다. 냉장고가 별걸 다한다는 생각과 함께 어떻게 이런 생각을 했을까 하는 궁금증도 일었다.

1990년대 후반에 이르러 이 같은 아이디어를 기술적으로 구현하는 일이 가능해진 것으로 보인다. 등록특허 중 가장 앞선 특허는 1999년 삼성전자가 출원한 '냉장고 및 그 제어 방법'이다. 특허의 내용을 잘 모르더라도 특허에 제시되어 있는 도면만 보면 이 당시 벌써 냉장고에 액정 디스플레이를 설치하려는 발상을 했다는 사실을 알 수 있다. 게다가 요리 정보 등을 표시함으로써 사용자의 편의를 고려한 면도 보인다.

요즘 이런 기술이 적용된 제품들이 많이 판매되고 있는 이유는 인터넷, 음성인식, 센서, 네트워크 등의 기술이 급속히 발전했기 때문이다. 이에 따라 우리는 머지않은 장래에 보다 편리한 생활을 할 수 있는 스마트 홈을 꿈꿀 수 있게 되었다. 아니 이미 세상은 스마트 홈 시대로 접어들었다.

여기에는 일명 IoOT라는 기술이 일조를 한다. 사물과 사람, 사물과 사물이 전부 인터넷으로 연결되어 이를 제어할 수 있다는 것인데, 앞서 말한 냉장고가 좋은 예다. 냉장고에 붙어 있는 패드는 인터넷과

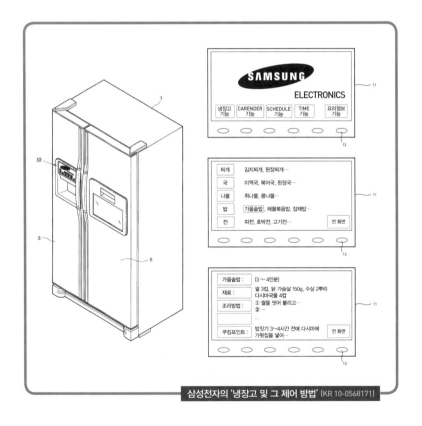

삼성전자의 '냉장고 및 그 제어 방법' [KR 10-0568171]

연결되어 있다. 이 패드를 통해 식재료 관리는 물론 부족한 식재료의 쇼핑, 그리고 결제까지도 할 수 있다. 그리고 휴대전화기의 애플리케이션과도 연결되어 있어 외부에서도 얼마든지 이를 이용할 수 있다.

내 집이 똑똑해진다?
특허로 보는 국내 스마트 홈

—

국내에 출원된 스마트 홈 관련 특허출원은 약 3,600건으로 파악된다. 이 중 등록되어 권리가 유지되고 있는 특허는 약 1,000건에 달한다. 출원의 흐름을 보면 1990년대 후반부터 급격히 증가해 2004년에는 거의 350건 가까운 출원이 이루어졌다. 이 시기에 정부가 추진한

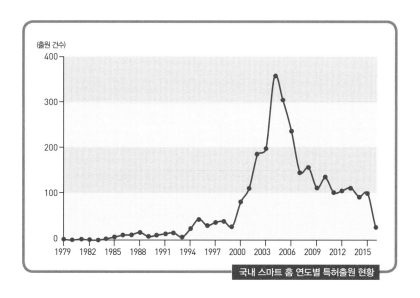

국내 스마트 홈 연도별 특허출원 현황

홈 네트워크 5개년 시범사업에 탄력을 받으면서 특허출원 활동에도 영향을 미친 듯하다.

그러나 그 뒤 바로 출원이 감소하는 현상을 보였다. 아직 기술이 상용화되지도 않았는데 말이다. 어째서일까? 뒤에 설명되는 특허의 내용을 보면 더욱 쉽게 이해할 수 있겠지만, 스마트 홈 구현에 필요한 인프라가 덜 갖춰졌기 때문이다. 대표적으로 2000년대 초중반의 인터넷 환경이 유선 네트워크에 머물러 있었고, 그 속도 또한 제한이 많았다는 점을 들 수 있다.

그러나 근래 들어 유무선 통합 네트워크는 물론 LTE에서 5G로의 전환 시점이 멀지 않았다는 점, 그리고 사물인터넷과 빅데이터를 다룰 수 있는 환경이 구축되고 있다는 점, 그래서 삼성이나 LG 등과 같은 글로벌 기업들은 앞다투어 냉장고, 도어락, 냉난방기 등 다양한 스마트 기기들을 출시하며 시장 선점에 나서고 있다는 점 등은 매우 긍정적인 신호다.

가장 많이 출원된
스마트 홈 기술은?

—

그렇다면 기업들은 어떤 종류의 특허를 출원하고 있을까? 아무래도 스마트 홈이 네트워크를 바탕으로 이루어지다 보니, 네트워크의 내용을 포함하는 특허가 대부분을 차지한다. 그리고 이들 특허는 대부분

제어와 관련이 있다. 특히 원격 제어와 관련된 특허들이 눈에 띈다.

LG전자가 2014년에 출원한 원격 제어 관련 특허의 내용을 보면 서버는 적어도 하나의 홈 디바이스 제품 정보, 즉 냉장고나 세탁기 등의 제품 정보와 네트워크 정보를 저장한다. 그리고 웹 브라우저가 구동되는 휴대전화기로부터 접속 요청을 받으면 디바이스의 리스트를 보여주고, 거기서 요청된 홈 디바이스에 대한 관련 정보를 제공함으로써 이를 원격 제어하는 형태다.

보안도 스마트 홈 구현의 한 축을 담당한다. 생활 보안, 방범과 감

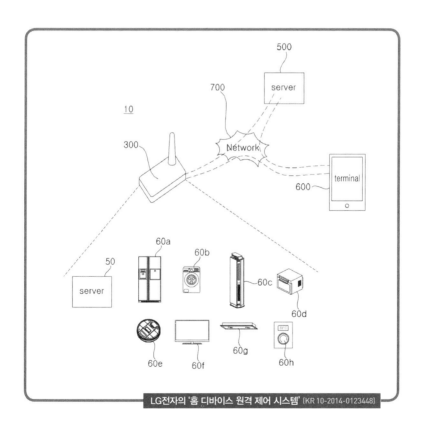

LG전자의 '홈 디바이스 원격 제어 시스템' [KR 10-2014-0123448]

시 장치 자체와 관련한 특허도 있지만, 약 80퍼센트 이상이 홈 네트워크 시스템 보안과 관련된 출원이다. 주로 얼굴인식, 인증키, 위치 정보를 이용한 접근 제어, 전화 인증 등과 관련이 있다.

경동원이 최근에 등록한 특허를 살펴보자. 경동원은 우리가 잘 알고 있는 보일러 기기 제조업체인 경동나비엔 등과 함께 경동원그룹의 계열사다. 경동원의 이 특허는 이중 인증 방식과 관련되는데, 일명 토큰 서버 인증(개인 식별 번호와 하드웨어나 소프트웨어를 사용하는 이중 인증)이다. 휴대전화기 등에 인증키를 발급받아 홈 네트워크 기기와 휴대전화기를 서로 연결해 홈 네트워크 기기를 원격 제어하는 방법이다. 이 특허에 따르면, 서버를 통해 데이터를 수집하지 않기 때문

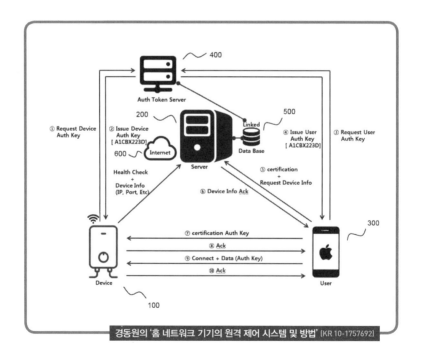

경동원의 '홈 네트워크 기기의 원격 제어 시스템 및 방법' [KR 10-1757692]

에 보안성이 강화되어 기밀성이 보장된다고 한다.

그 밖에 특색 있는 특허들도 눈에 띈다. 홈 네트워크와 연동한 차량 관리에 관한 특허다. 차량 정보를 홈 네트워크를 통해 주고받는 것인데, 예를 들어 집 안에서 차의 상태, 이상 여부, 주차 위치 등을 확인하거나 반대로 차 안에서 집 안의 상태를 알 수 있게 하는 기술에 대한 특허가 출원되어 있다.

우리나라 스마트 홈, 누가 가장 많이 출원했을까?

그렇다면 이러한 특허들을 가장 많이 출원한 기업은 어디일까? LG전자다. 그러나 이는 2000년대 초중반에 집중된 출원 건수다. 2000년대 후반에 이르면 삼성전자를 비롯한 기존의 다른 상위 출원인들보다 LG전자 특허출원이 훨씬 더 적다.

물론 삼성전자도 2005년을 기점으로 출원 건수가 감소하긴 했지만, LG전자에 비해 꾸준한 출원 활동을 보이고 있다. 최근 삼성전자가 출원한 특허들을 살펴보면 이동 단말기, 즉 휴대전화기를 활용해 홈 네트워크를 제어하는 방법 및 장치, 홈 네트워크 관리 방법, 가전기기의 네트워크 연결 방법 등과 관련된 특허출원이 많았다.

구체적으로 2014년에 출원한 특허를 살펴보자. 이 특허에 따르면, 홈 서버는 각종 센서, 통신, 소프트웨어 및 데이터 저장 장치를 포함

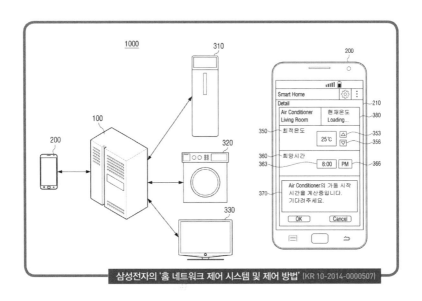

삼성전자의 '홈 네트워크 제어 시스템 및 제어 방법' (KR 10-2014-0000507)

하며 냉장고, 세탁기, 텔레비전 등의 가전기기와 연결되어 있다. 그리고 홈 서버의 통신 기능을 통해 사용자가 외부에서 휴대전화기로 희망하는 정보, 즉 희망 온도, 희망 습도, 사용자 도착 시간, 세탁 시간 등을 수신하고, 홈 서버를 통해 그 조건에 맞게 작동하도록 제어하는 방식이다.

통신사 및 홈 네트워크
전문 기업의 특허들

———

그 밖에 동부대우전자, KT, SK텔레콤, 삼성SDS, 삼성전기, 휴맥스 등의 순으로 특허출원이 이루어지고 있다. 통신업체들의 특허출원도 활발하다. 통신업체인만큼 홈 게이트웨이, 클라우드 스토리지, 네트워크 시스템 등과 관련된 특허가 주를 이뤘다.

KT의 경우 홈 네트워크 장치의 원격 접속 방법, 홈 네트워크 신호 중계 장치, 자기진단 기능을 구비한 스마트 홈 단말 등과 같은 특허들을 출원하고 있다. 특징적으로 전력 관리 시스템과 관련한 특허도 있었다. 한국전자통신연구원과 공동으로 출원한 것인데, 홈 네트워크에서의 전력 관리와 관련이 있다. SK텔레콤은 사물인터넷 기반 시스템에서 통신을 수행하기 위한 장치, 사물 통신 보안, 사물 통신 단말의 네트워크 연결 제어 등과 관련한 특허들을 출원하고 있다.

한편 중소기업이나 중견기업들의 행보는 어떨까?

대기업을 제외한 상위 출원인인 경동원, 코맥스, 코콤, 휴맥스의 특허출원 활동 현황을 살펴보았다.

■ 경동원
:

앞서 소개했듯이 경동원은 난방 기구 제조 기업인 경동나비엔의 모기업으로, 난방시스템 및 스마트 홈 관련 홈 네트워크와 오토메이션 시스템에 대한 특허를 보유하고 있다. 경동원의 스마트 홈과 관련한 특허출원은 2000년대 초반부터 등장했지만, 당시에는 비디오폰 출원을 제외하고 2년에 1건 정도에 그치는 수준이었다.

스마트 홈 관련 출원은 2012년부터 본격적으로 시작되었고 매년 평균 6건씩의 출원이 이어지고 있다. 출원 초기에는 단순히 가정의 내부 유선망을 이용한 제어 시스템에 관한 출원이 많았다. 이후 통신 기술이 발달하면서 최근에는 스마트폰, SNS 등 무선통신을 이용해 내외부에서 각종 설비를 제어할 수 있는 시스템이 계속해서 출원되고 있다.

2 코맥스
:

코맥스는 창립 49주년을 맞는, 나름 장수 기업에 속한다. 1960년대에 국내 최초로 인터폰을 제조한 기업이며, 이후 비디오폰, 도어폰이 활항하면서 급성장한 기업이다. 최근 IoT 기술의 흐름에 편승하면서 원격 제어, 자동화, 사물인터넷 솔루션을 제공하는 홈 네트워크 전문 기업으로 새롭게 자리매김하고 있다. 지금까지 국내에 출원한 특허는 총 122건이다.

코맥스가 출원한 특허는 대부분 도어폰과 홈 네트워크 시스템 기술과 관련이 있다. 최근 출원한 특허를 보면, 하나 이상의 센서가 사용자가 거주하는 공간에 설치되어 거기에 내장된 카메라를 통해 주변 공간에 대한 환경 정보 및 상황 정보를 수집한다. 그 밖에 온도 센서, 습도 센서, 침수 센서 등으로부터도 정보를 수집해 환경 정보 및 상황 정보를 제공한다. 그리고 부착된 현관 태그에 출입 키 등을 태깅할 때마다 출입 상태 정보를 포함한 상황 정보를 수집해 전송할 수 있다.

아울러 코맥스는 홈 네트워크 주력 기업인데도 '살균과 습기 제거

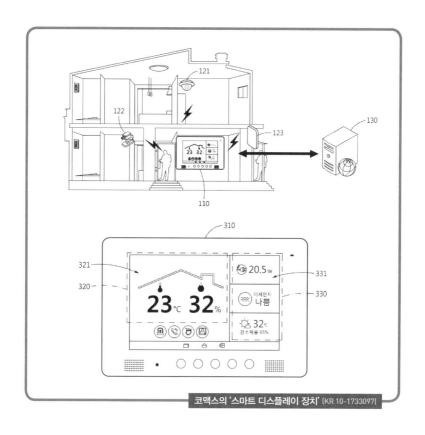

코맥스의 '스마트 디스플레이 장치' (KR 10-1733097)

가 가능한 이동 로봇', '의료용 핸드 피스', '레이저를 이용한 치료 및 가이드 빔' 등 사업 분야와 조금 거리가 있는 특허도 보유하고 있다.

③ 코콤

:

코콤은 국내 최초로 디지털 비디오폰(비디오 도어폰)을 출시한 기업이다. 지금까지 총 152건의 특허를 출원했다. 1990년대에 도어폰, 비디오폰과 관련한 특허출원에 집중했으며, 이를 바탕으로 2000년대 들어서면서 홈 네트워크, 홈 오토메이션 등으로 발전된 형태의 기술에 대한 특허출원에 비중을 두는 모습을 보이기 시작한다.

특히 2000년도에 가장 많은 특허를 출원했는데, 비상 호출, 가정 자동화용 검침 및 관리, 출입 통제 장치, 지문인식 장치 등에 관한 특허였다. 최근엔 홈 네트워크 시스템을 이용한 감시 제어 장치, 주변 환경 연계형 복합 센서 사물인터넷 시스템, 원격 제어를 통한 홈 오토메이션 시스템 등과 관련한 특허들을 출원하고 있으며, 그 밖에도 LED조명 분야와 관련한 특허를 다수 출원하고 있다.

4 휴맥스
:

휴맥스는 영상 처리 시스템, 셋톱박스, 게이트웨이 등을 제조하고 판매하는 기업으로, 4개 기업 중 가장 많은 특허출원 활동을 보이고 있다. 현재까지 총 177건의 특허가 출원되었다. 2001년 첫 출원한 이후 연 평균 33건의 특허출원을 했고 출원 건수 또한 계속해서 증가하는 양상이다.

휴맥스의 초기 특허출원을 보면 대부분 해외 출원이다. 한국이 아닌 독일, 유럽, 일본, 중국, 미국 등 다양한 국가에 영상 처리 및 방송 수신 관련 특허를 출원했는데, 창업 초기부터 한국 시장만이 아닌 해외 시장을 염두에 두었음을 알 수 있는 부분이다. 실제로 휴맥스의 매출 대부분이 해외에서 나오는 만큼, 지금도 해외 특허출원은 계속해서 이어지고 있다.

휴맥스는 2000년대 중반까지는 영상 처리 관련 출원이 많았으며, 2000년대 후반 이후에는 영상을 수신하는 셋톱박스와 관련된 출원에 집중하는 모습을 보였다. 그리고 2014년 이후에는 LTE 네트워크를 이용한 IoT 관련 출원이 활발하게 이루어지기 시작했다. 최근의 특허를 보면 고해상도 영상에 관한 특허와 사물 통신 단말과 관련한 특허들이 주를 이루고 있다.

미국 스마트 홈,
특허출원 1위는 누구일까?

▬

스마트 홈과 관련해 미국 내 출원에서도 한국 기업들의 약진이 눈에 띈다. 삼성전자가 1위로 가장 많고, 그다음이 LG전자다. 그 밖에 소니, 구글, AT&T, 브로드컴, 퀄컴 등의 순이다.

이 중 LG전자는 국내에서처럼 주로 2000년대 초반에 특허를 많이 출원했다. 그러나 최근 5년 동안은 출원 건수가 매우 적었다. 최근 10년만 놓고 봤을 때는 오히려 구글이나 소니 등에 비해 출원 건수가 적다.

구글은 2013년까지는 홈 네트워킹과 관련해 별다른 출원이 없었으나 2014년 네스트랩, 리볼브Revolv와 같은 스마트 홈 관련 스타트업을 인수하기 시작하면서 스마트 홈 시장 진출을 알렸고, 특허출원 또한 2014년 44건, 2015년 29건을 출원하는 등 출원 건수가 증가했다.

▶ 스마트 홈 관련 미국 특허출원 상위 기업 순위

순위	국가	기업명	사업 분야
1	한국	삼성전자	가전, 전자부품, 전자제품
2	한국	LG전자	가전, 전자부품, 전자제품
3	일본	소니	전자기기
4	미국	구글	플랫폼
5	미국	AT&T	통신 회사
6	미국	브로드컴	통신 반도체 업체, 광대역 통신 및 음성, 영상, 데이터 네트워킹 서비스 제공
7	미국	퀄컴	무선전화 통신 연구 및 개발
8	일본	파나소닉	전기, 전자기기 제조업체
9	미국	인텔	반도체
10	미국	IBM	컴퓨터 전문업체

홈 네트워크 디바이스,
취향과 온도까지 자동으로

―

2014년 구글의 네스트랩 인수는 IoT를 실현하고자 하는 글로벌 기업들에게는 긴장감을 더하는 사건이었다. 이에 따라 2014년과 2015년 미국과 한국에서 스마트 홈 관련 구글의 출원 증가도 구글의 사업 방향, 즉 스마트 홈 시장을 겨냥한 데 따른 결과였다.

자동 온도조절 장치, 즉 써모스탯Thermostat은 우리에게는 익숙하지 않은 제품이긴 하지만, 굳이 유사한 형태를 찾는다면 최근 보급되고 있는 시스템 냉난방 장치에 해당하지 않을까 싶다. 외국의 주택은 건

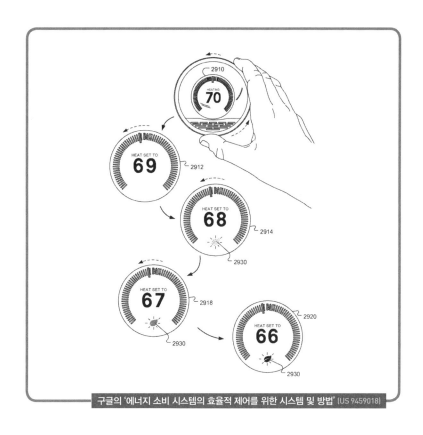

물 내에 온·냉방기를 설치하고 그곳에서 계절에 맞게 건물 전체에 따뜻한 공기나 차가운 공기를 보내는데, 이때 사용되는 것이 바로 자동 온도조절 장치다.

　이 자동 온도조절 장치에 IoT를 접목한 기업이 구글의 네스트랩이다. 작동 원리는 이렇다. 자동 온도조절 장치를 설치하면 무선통신을 통해 기존의 냉난방 및 환기 시스템 등과 결합된다. 그리고 사용과 관련한 모든 기록이 축적된다. 기록, 즉 축적된 데이터의 분석을 통해 '이 집 사람들은 아침 온도 설정을 높게 한다', 아니면 '이 집은 사람이 없지만 집안 온도를 23도로 유지한다' 등과 같은 경향을 파악한다. 그리고 거기에 맞게 자동으로 온도를 관리하는 방식이다. 뿐만 아니라 차량의 GPS위치 정보로 귀가 시간을 예측하고, 그에 맞춰 실내 온도를 자동으로 조절하기도 한다.

물론 사용자가 원하면 수동 조절도 가능하다. 특히 네스트랩 자동 온도조절 장치의 경우 기능적인 면뿐만 아니라 정보 제공 면에서도 그림이나 숫자를 사용하는 등 단순화한 형태의 정보를 제공하고 조작 방식을 쉽게 만들어, 사용자가 별다른 어려움 없이 현재 상태를 변경하거나 에너지 효율과 사용 패턴 등을 간단히 조절하고 확인할 수 있도록 했다.

지금까지 네스트랩이 출원한 특허는 총 162건으로 이 중 현재 61건이 등록되어 있는 상태다. 네스트랩은 2013년부터 2014년 사이에 전체 출원 특허의 63퍼센트나 되는 102건의 특허를 출원하고 있다. 그러고 나서 2014년 구글에 인수되었다.

여타 기업들이 구글의 네스트랩 인수에 촉각을 곤두세운 이유 중 하나는 특허의 가치와 시장성 때문이다.

보통 특허 제도에서 특허의 가치와 시장성을 판단하는 기준 중 하나로 해외에 얼마나 많은 특허패밀리를 보유하고 있는지를 살핀다.•네스트랩이 출원한 미국 특허의 88퍼센트는 해외 특허패밀리를 보

• 기술에 대한 권리를 행사하고 싶다면 그 나라에서 특허권을 확보해야 하기 때문이다. 그리고 각 나라별로 특허권을 확보하고 유지하는 데에는 비용 부담이 따르기 때문에, 타국에서까지 권리를 확보한다는 것은 그 기술을 보호할 만한 가치가 충분하다고 판단할 수 있다.

유하고 있으며, 81건의 특허가 해외 8개국 이상에 출원된 특허다. 예를 들어 '온도조절 장치의 원격 제어를 위한 터치스크린 장치 사용자 인터페이스'(US 9222693)의 경우 미국은 물론, 일본, 유럽, 중국, 대만 등에 특허패밀리를 보유하고 있다.

그렇다면 특허패밀리를 형성하고 있는 한국의 특허는 얼마나 될까? 미국 출원특허 98건에 대해 한국 패밀리가 존재했다. 총 27건의 특허가 한국에 출원되었는데, 이 중 15건의 특허는 거절된 특허로 나타났다. 모두 네스트랩이 구글에 인수되기 이전에 출원한 건으로 보인다. 나머지 12건의 특허는 출원인 이름이 모두 구글이며, 출원년도가 구글이 네스트랩을 인수한 이후로 파악된다.

한국에 출원한 특허 27건을 보면 매우 흥미로운 점을 발견할 수 있

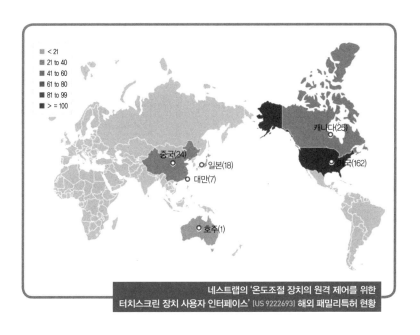

네스트랩의 '온도조절 장치의 원격 제어를 위한 터치스크린 장치 사용자 인터페이스' (US 9222693) 해외 패밀리특허 현황

다. 네스트랩이 미국에 출원한 특허를 살펴보면 약 40퍼센트가 제어 등과 관련이 있고, 약 20퍼센트가 공기조화, 가습, 환기, 온도조절(냉각, 가열 등 포함) 등과 관련이 있다. 그리고 약 20퍼센트 정도가 디지털 정보의 전송, 무선통신 네트워크 등과 관련이 있다. 그런데 한국에는 네트워크 통신과 관련한 특허들만 출원해 권리를 확보했다는 점이다. 다시 말해 스마트 홈 구현에 기반이 되는 특허만 선택적으로 한국에 출원한 것이다.

현재 한국에 등록된 특허는 모두 홈 네트워크 디바이스에 대한 효율적 통신에 관한 것들이다. 이들 특허는 패브릭 네트워크를 통해 소프트웨어 업데이트 및 상태 보고를 효율적으로 통신할 수 있는 시스템에 관한 것이다.

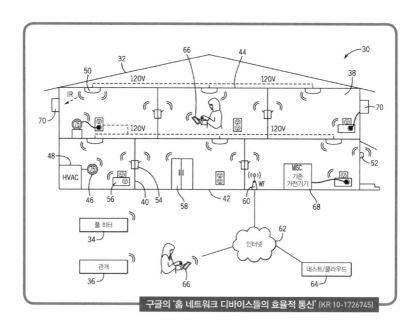

구글의 '홈 네트워크 디바이스들의 효율적 통신' (KR 10-1726745)

여기서 갑자기 네트워크에 웬 패브릭인가 하는 의문이 들지도 모른다. 일반적으로 패브릭 하면 실크나 면, 마, 모직처럼 섬유 소재로 만든 천을 떠올릴 테니 말이다. 사실 그렇게 다르지도 않다. IT환경에서도 직물처럼 아주 촘촘히 연결되어 있는 제품군을 패브릭으로 설명하기 때문이다.

그렇다면 어떻게 촘촘하게 연결할 수 있을까?

우선 움직임 감지, 위치 감지, 수신기, 마이크, 물체의 모양 및 상태를 파악할 수 있는 각종 센서를 집 안 곳곳에 설치한다. 센서가 감지한 데이터는 네트워크를 통해 중앙 관리자에게 전달되고, 중앙 관리자는 사용자가 미리 설정한 설정 셋에 따라 관리를 진행하는 형태다.

사물인터넷과
5G 기술의 상호작용

—

퀄컴 또한 구글과 마찬가지로 2014년을 기점으로 출원 건수가 크게 증가했다. 사실 퀄컴의 경우 스마트 홈 관련 출원보다 스마트 홈의 기반이 되는 IoT 기술에 관한 특허출원에 더욱 주목해야 한다. 퀄컴의 IoT 관련 특허를 살펴보면 기계 간 커뮤니케이션과 이를 위한 통신 방법 및 시스템과 관련된 특허들이 주를 이룬다. 퀄컴은 IoT 관련 미국 출원에서 3위에 해당한다.

IoT와 관련된 특허출원의 흐름을 살펴보면 한국 기업이 유독 돋보인다. 미국에서 삼성전자와 LG전자가 나란히 1, 2위를 차지하고 있기 때문이다. 그 뒤로 퀄컴, 에릭슨, ZTE, 인텔 등이 줄을 잇고 있다.

LG전자의 경우 다른 기업들보다 이른 2011년부터 사물 간 통신을 구현하는 무선통신에 관한 출원을 진행했으나, 2013년 이후부터는 삼성, 퀄컴, 인텔 등에 출원 건수가 밀리는 양상이다. 이에 비해 삼성은 2014년까지는 다른 기업들과 비교해 출원이 두드러지진 않았으나, 2015년에 출원이 급격히 증가했고 2016년에도 비슷한 수준을 유지할 것으로 보인다. 2016년의 출원 건수를 단정해서 말할 수 없는 이유는 특허에만 적용되는 '공개법칙' 때문이다. 특허는 출원 후 1년 6개월이 지나야 공개된다. 따라서 아직 공개되지 않은 특허들이 상당수 존재하리라 추측된다.

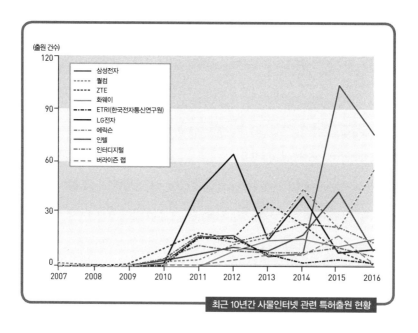

최근 10년간 사물인터넷 관련 특허출원 현황

출원 기술 분야를 보면 삼성전자와 LG전자는 '신호의 전송, 무선 통신 시스템에서 제어정보의 전송' 같은 외부망과 네트워크상에서 데이터 전송과 관련된 출원이 많은 반면, 퀄컴, ZTE, 인텔 같은 해외 기업의 경우는 네트워크보다는 연결된 시스템 내부 또는 시스템 간 정보처리 방법에 관한 출원이 많다는 사실을 알 수 있다.

이처럼 주요 IT 글로벌 기업들이 IoT 관련 기술에 집중하는 이유는 5G기술의 상용화와도 깊이 연관되어 있다. 5G 기술 보급이 빨라질수록 스마트 홈 구현에 필요한 IoT 기술 적용이 더욱 수월하기 때문이다. 정보처리에서 속도만큼 중요한 것은 없을 테니 말이다. 그리고 IoT 적용처는 스마트 홈에 국한되지 않고 스마트카 등에도 적용될 수 있어, 글로벌 기업들이 이를 놓칠 수 없음은 당연하다.

스마트 홈을 이루는
다양한 기술들
—

■ 인공지능 스피커, 아마존 에코
:

스마트 홈의 결정체는 아마도 인공지능과의 대화가 아닐까?

"오늘의 날씨를 알려줘, 자비스!"

셰인 블랙 감독의 SF영화 〈아이언맨〉에 등장해 맹활약을 펼치는 인공지능 컴퓨터 자비스와 주인공이 대화를 나누는 장면이다. 영화에서나 나올 법한 이런 일들이 실제 우리 생활 속에서 일어난다는 사실을 상상해보았는가? 우리가 컴퓨터와 직접 대화를 나누며 살아가는 모습을 말이다.

아마존이 출시한 에코는 인공지능 스피커로, 우리가 가까운 미래에 마주하게 될 스마트 홈의 모습을 보여주었다. 냉장고, 세탁기, 에어컨, 텔레비전, 전등, 청소기 등 모든 가전이 인터넷에 연결되어, 아마존 에코를 통해 관리되고 제어된다.

아마존 에코의 기본은 내가 말하는 것을 인식하고 그대로 설명해주는 것이 바탕이 되어야 한다. 이 부분에서 중요한 것은 '내가 말하는 것'인데, 사람의 언어인 '자연어'를 인식해야 하기 때문이다. 따라서 아마존 에코와 같은 서비스들은 '음성인식'과 '자연어'를 처리하는 기술이 매우 중요하다.

최근 5년간 한국, 미국, 일본, 중국에 출원된 '음성인식'과 '자연어' 처리와 관련된 특허들을 살펴보면 IBM이 가장 많이 출원했으며, 그 다음으로 구글, 삼성전자, 마이크로소프트 등이 차례로 자리를 잡고 있다. 계속해서 출원인 순위 5위인 뉘앙스는 다소 생소할 수 있으나, 세계 1위의 음성인식 관련 기업으로 애플 시리의 음성인식 엔진을 제작했다.

애플도 음성인식 관련 특허의 상위 출원인에 속한다. 애플의 스마트 홈 관리 시스템의 명칭은 '홈킷'이다. 사실 애플은 일찌감치 '시리'라는 음성인식 기반 인공지능 서비스를 출시해 스마트폰에 적용했

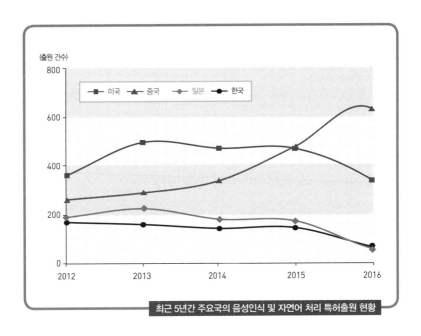

(출원 건수)

최근 5년간 주요국의 음성인식 및 자연어 처리 특허출원 현황

다. 그리고 홈킷은 바로 스마트 홈 버전이다.

애플의 음성인식과 관련된 최근의 특허를 보면, 음성인식과 함께 사용자의 의도를 추론해 오동작을 줄이는 기술이나 잘못된 음성인식을 방지하기 위한 알고리즘과 같은 기술들이 출원되고 있다. 예를 들어 피드백이나 학습을 통해 음성인식의 정확성을 향상시키는 기술이다. 단순히 사용자의 실시간 음성만이 아니라, 오류가 있을 때 이어지는 사용자의 음성 명령을 학습해 명령의 정확도를 향상시킬 수 있다. 이를 통해, 부정확한 음성이나 존재하지 않는 키워드에 대해서도 피드백과 학습으로 사용자의 의도를 파악할 수 있게 된다. 또한 시간이 지날수록 피드백과 학습되는 명령이나 키워드가 증가할 것이기 때문에 사용자의 음성 명령이 보다 정확히 전달될 수 있다.

② 국내 음성인식 기술의 발달

:

우리나라는 특허출원의 약 45퍼센트를 대기업이 차지할 정도로 음성인식에 대한 대기업들의 관심도가 높다. 그중에서도 삼성전자가 대기업 전체 출원의 57퍼센트를 차지하고 있으며, 이어서 LG전자, 현대자동차, SK텔레콤, 네이버 등이 뒤를 잇는다.

특이한 점은 국내 특허출원은 삼성전자, LG전자가 압도적으로 많지만 음성인식 스피커 제품 자체는 SK텔레콤, KT 등의 이동통신사들이 선보이고 있다는 점이다. 스마트 홈 구현의 허브가 되는 음성인식 스피커 시장에 삼성전자와 LG전자가 뛰어들지 않는 점이 다소 의아하다.

이 두 기업은 '음성인식 스피커'라기보다는 가전제품 내에 음성인식 기능을 부착하는 형태의 특허들을 보유하고 있다. 예를 들면 텔레비전에 음성 기능을 부가하는 경우다. 다음은 삼성전자가 2015년에 출원한 '영상 표시 장치 및 영상 표시 방법'에 관한 특허다. 영상 표시 장치는 사용자가 말한 문장을 인식하고 처리해 이에 대응되는 동작을 수행할 수 있다.

다음 그림처럼 사용자가 '서치 올림픽 게임'이라고 말하면 영상 표시 장치가 이를 인식해 올림픽 게임을 검색하는 동작을 수행할 수 있다는 것이다. 올림픽 게임을 검색하는 데 있어 사용자가 말하는 문장은 '서치 올림픽 게임'에 한정되지 않고, '올림픽 게임', '파인드 올림픽 게임' 및 '서치 올림픽 게임 온 웹'과 같은 문장이 될 수도 있다고

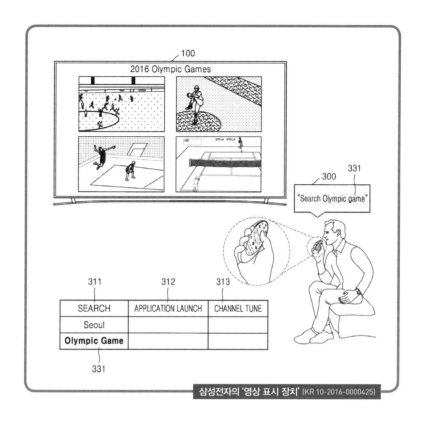

삼성전자의 '영상 표시 장치' [KR 10-2016-0000425]

한다.

더 나아가 '음성인식과 모션인식을 이용하는 전자장치의 제어 방법 및 이를 적용한 전자장치'에 관한 특허도 출원하고 있다. 다음의 그림은 텔레비전 화면을 나타내는데, 여러 모션 아이템(이전, 볼륨 업/다운, 채널 업/다운, 재생) 중 동일한 모션을 취하면 거기에 대응해 작동할 수 있다.

사실 모션인식 기술의 활용처는 매우 다양하다. 스마트 텔레비전 제어뿐 아니라 가상 및 증강현실이 적용되는 모든 분야가 모션인식

삼성전자의 '음성인식 및 모션인식을 이용하는 전자장치' (KR 10-1262700)

기술의 적용처일 것이다. 모션인식과 관련해서는 4장에서 다시 한 번 살펴보도록 하자.

이번에는 LG전자의 특허를 살펴보자. LG전자는 2004년에 음성 대화형 에어컨 시스템 및 그 작동 방법과 관련된 특허를 출원했다. 이 특허도 음성인식 기능 자체를 에어컨에 부착한 형태다. 에어컨 시스템에 사람의 음성을 입력받아 이를 분석, 미리 저장된 데이터베이스로부터 적절한 답변을 받아 그에 맞는 동작을 수행하는 형태다. 특히 음성을 제어하는 기기에는 음성인식 칩과 이를 통해 인식한 문장을 분석하는 문장 분석기 등이 부착되어 있어 문장의 의미를 분석해 준다.

2014년에는 에어컨 시스템의 음성인식 장치 및 그 동작 방법과 관련한 특허도 출원했다. 기존 음성인식이 주변의 잡음 환경, 사용자의 실수, 인식 대상이 아닌 단어 발성 등 오인식 발생 요인으로 사용자의 음성을 100퍼센트 인식하지 못하는 문제가 있었기 때문에, 음성 검출과 검증 단계를 통해 음성인식 인식률을 높이는 것과 관련이 있다.

그렇다고 해서 삼성전자와 LG전자도 아마존이나 애플처럼 스마트 홈 전체를 제어할 기능을 갖는 기기에 대한 고려가 전혀 없는 것은 아니다. 삼성전자가 2017년에 출원한 '음성인식 전자장치 및 그 제어 방법'이라는 특허를 살펴보자. 다음 그림을 보면 사람과 가전기기 사이에 한 장치가 있다. 이는 음성을 인식하고 인식한 것에 대응하

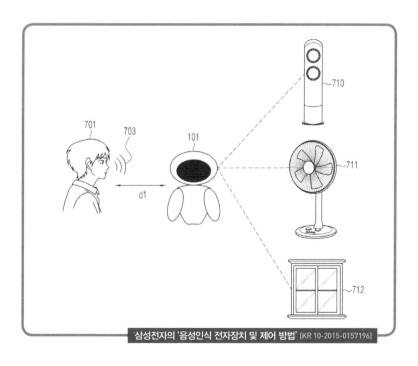

'삼성전자의 '음성인식 전자장치 및 제어 방법' (KR 10-2015-0157196)

는 명령을 수행할 수 있는 장치다.

예를 들어 사람이 "너무 덥다"라고 하면 가운데에 있는 음성인식 장치가 그 목소리를 듣고 "덥다"라는 상태 관련 키워드에 맞는 에어컨 켜기, 선풍기 켜기, 창문 열기 등의 동작 후보를 추릴 수 있다. 이에 따라 음성인식 장치는 사용자에게 "에어컨, 선풍기 또는 창문 개폐 장치 중 하나를 켤까요?"라고 질문을 던진다. 그러면 사람은 "에어컨을 켜줘!"라고 명령을 내릴 것이며, 음성인식 장치는 에어컨을 작동하게 된다. 이 특허의 핵심은 바로 사람의 감정이나 상태 등에 대한 키워드도 인식하게 하는 데 있다.

사실 이 기술 또한 가전기기마다 적용할 수 있기도 하다. 그러나 이런 특허들을 출원하고 있는 움직임을 보면 언제든 전략적 판단에 따라 음성인식 스피커도 선보일 수 있다는 뜻이 아닐까.

❸ 미국의 인공지능 특허출원
:

음성인식으로 사람의 말을 인식해 분석하고 처리해 올바른 대답을 내리기 위한 결정을 하려면 학습 알고리즘이나 기본적인 인공 신경망 형태가 필요하다. 즉 데이터를 수집하고 분석하는 능력이 필요하다는 말이다.

관련해 최근 10년간 미국에 출원된 특허는 약 1만 5,000여 건에 달한다. 2011년 이후 큰 폭으로 출원 건수가 증가해 2015년에는 2,600여 건의 특허가 출원되었다. 가장 출원 활동이 활발한 기업은 인공지능 왓슨Watson으로 유명한 IBM으로 나타났으며, 그다음으로 마이크로소프트, 구글, 퀄컴, NEC, 야후, 후지쓰 등의 순이었다. 그 밖에도

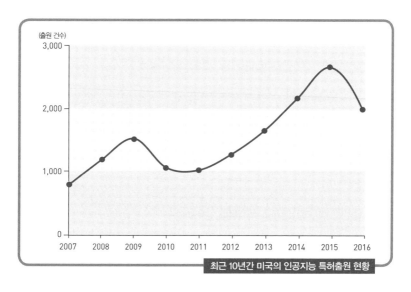

최근 10년간 미국의 인공지능 특허출원 현황

▶ 최근 10년간 미국 인공지능 특허의 주요 출원인

순위	국적	기업명	출원 건수
1	미국	IBM	2004
2	미국	마이크로소프트	683
3	미국	구글	405
4	미국	퀄컴	227
5	일본	NEC	213
6	미국	야후	172
7	일본	후지쓰	151
8	미국	제록스	129
9	한국	삼성전자	126
10	일본	소니	125

페이스북Facebook, 오라클Oracle, 디웨이브시스템D-Wave Systems, 인텔Intel, 링크드인Linkedin, 아마존 등이 상위 출원인에 속한다. 한국은 유일하게 삼성전자가 상위 출원인에 이름을 올렸다.

인공지능이 적용되면 우리의 삶은 어떻게 달라질까?

스마트 홈이 아닌 집 밖에서의 생활은 어떨까?

사실 이는 미래의 이야기가 아니라 현실에서 이미 체험하고 있는 일이기도 하다. 공항에서 길을 안내하는 로봇을 만나본 적 있는가? 그 로봇에도 인공지능이 적용되었기 때문에 우리와 대화할 수 있는 것이다.

아마존이 출원한 다음 특허를 살펴보자.

사실 이 특허는 아마존이 세계 최초로 선보인 무인 오프라인 매장 아마존 고와 관련이 있다. 말 그대로 매장에 직원은 없고 물건을 구매하는 사람들만 존재한다. 인공지능 기술(딥러닝)이 적용된 사례다. 인공지능 외에 사물인터넷과 이미지 센서 등이 더해진다. 스마트폰 애플리케이션과 카메라를 통한 얼굴인식 시스템을 이용해 점원이 없는 매장을 지향한다.

물건에 대한 값은 스마트폰으로 자동 결제를 한다지만, 고객이 어떤 물품을 구매했는지는 어떻게 판별하는 걸까? 해당 특허에 따르면 먼저 선반에 손을 넣기 직전과 직후를 영상으로 촬영하고 이를 비교해 식별한다고 한다. 그리고 고객이 선택한 상품 내용에 대한 식별은 기본적으로 상품이 놓였던 선반 위치와 재고 정보에 의해 도출된다.

재미있는 것은 선택한 상품을 제대로 인식하지 못한 경우 어떻게 반

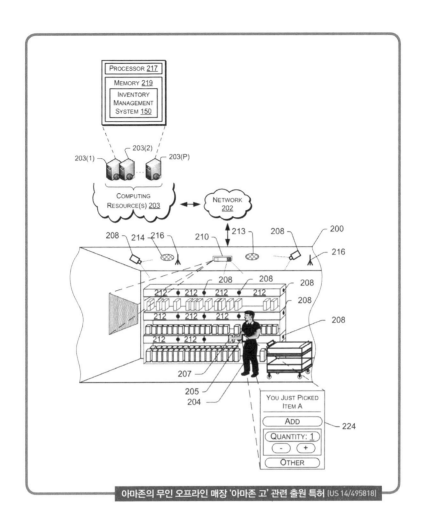

응할까 하는 점이다. 예를 들어 고객이 된장을 잡은 것인지 고추장을 잡은 것인지 식별하지 못한다고 했을 때 아마존 고는 어떻게 판단할까.

아마존 고는 다양한 데이터를 근간으로 이를 판단한다. 가장 단순하게는 과거의 소비 구매 이력이다. 즉 소비자가 과거 구매한 이력이 된장밖에 없었다면 아마존 고는 소비자가 잡은 물건이 된장일 가능성이 높다고 판단한다는 것이다. 그리고 그 밖에 상품의 무게, 색깔 등 다양한 판단 근거를 활용해, 선택한 상품이 무엇인지 그 정확도를 높이는 구조다. 이러한 최종 판단을 위해 인공지능 기술이 적용된 것이다.

한편 인텔이 IBM이나 마이크로소프트에 비해 특허출원 건수가 비교적 적다는 사실이 다소 의아할 수 있다. 사실 인텔의 경우 자사가 직접 출원하는 것보다 투자를 통해 인공지능 기술을 확보하는 전략을 선택한 듯하다.

최근 인텔사의 소식에 따르면 코그니티브스케일Cognitive Scale, 에이아이Aeye, 엘리먼트AIElement AI 등 3개 업체에 대해 투자를 결정했다고 한다. 기계지능 소프트웨어 기업인 코그니티브스케일은 인텔보다 AI 관련 특허출원 건수가 많은 기업이기도 하다. 그리고 인텔 외에도 마이크로소프트, IBM 등도 투자하고 있다. 에이아이는 로보틱비전Robotic Vision의 파이오니아 기업이며 엘리먼트AI는 AI 솔루션을 개발하는 업체인데, 아직까지 이 두 기업에 의한 특허출원은 발견되지 않는다. 인텔에 따르면 현재까지 AI와 관련해 총 24곳 이상의 기업에 투자하고 있다고 한다.

미국 출원에 적극적인 우리나라 기업으로는 삼성전자 외에 정부 출연 연구기관인 한국전자통신연구원, SK하이닉스, 포항공과대학교, 한국과학기술원, 삼성SDS 등 다양하지만, 특허출원 건수 자체가 그리 많지는 않다.

■ 4차 산업 분야의 숨은 강자, 엔비디아의 비밀

엔비디아NVIDIA라는 기업을 아는가? PC에 관심이 있는 사람이라면 한 번쯤 들어봤을 것이다. 엔비디아는 그래픽 처리 반도체GPU를 생산하고 판매하는 기업으로 잘 알려져 있다. 처음 미국에 특허를 출원한 1995년부터 지금까지 매년 약 200여 건의 특허를 출원해오고 있다. 국제 금융 위기가 있었던 2008년부터 2010년을 제외하고 특허출원 수는 매년 증가하고 있다. 특히 2013년에는 약 1,000건의 특허를 출원했다. 한국에도 약 180건가량의 특허를 출원하고 있다.

엔비디아는 그래픽 칩셋 시장의 최강자 자리를 지키고 있는 만큼 관련 기술에 대한 출원이 집중되어 있다. 특히 그래픽 처리 관련 프로세서는 인공지능에 필요한 프로세서들의 바탕이 되는 기술이기 때문에, 엔비디아는 향후 인공지능 분야에서도 두각을 보일 것으로 판단된다. 이세돌 9단과 세기의 바둑 대결을 펼친 구글 딥마인드Google DeepMind의 알파고AlphaGo에 들어간 약 280개의 GPU 중 170개가 엔비디아의 제품이었다고 한다.

한편 엔비디아는 뛰어난 이미지 처리 기술도 보유하고 있다. 2017년에 출원된 내비게이션 장치 특허를 보면, 광각 카메라로 촬영한 영상을 바탕으로 왜곡된 부분을 실시간으로 보정해주는 기술과 관련이 있다. 광각의 경우 둥글게 영상이 처리되기 때문에 이를 자율주행 차량이나 다른 곳에 사용하려면 평면처럼 보정하는 처리가 필요하다.

또 다른 특허로 이미지 피라미드 프로세서와 관련한 특허가 있는데, 다중해상도에서의 이미지를 처리하는 방법과 관련한 특허로, 이 또한 자율주행, 인공지능, 얼굴인식, 증강현실 등의 분야에 활용될 수 있다. 현재 엔비디아는 GPU기반의 자율주행용 시스템 반도체를 테슬라에 공급하고 있다.

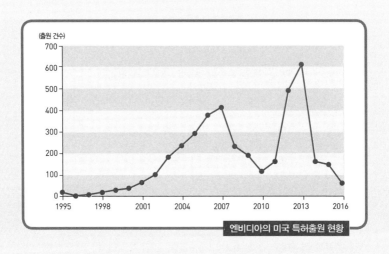

4 한국과 일본의 인공지능 특허출원
:

그렇다면 국내 출원 상황은 어떨까? 최근 10년 동안 출원된 특허는 약 700여 건으로 미국의 약 23분의 1 수준이다. 물론 2011년 이후 출원 건수가 증가하긴 했지만 일본과 비교해도 출원 건수가 많지 않다. 2015년 국내 출원 건수가 약 160건인데 비해 일본은 이보다 1.7배 많은 약 280건의 특허를 출원하고 있다.

국내 최다 출원인도 한국 기업이 아니다. 퀄컴이 가장 많이 출원한 것으로 나타났으며, 그다음으로 삼성전자, 한국과학기술원, 한국전

자통신연구원, SK하이닉스 등의 순이다. 주목할 만한 점은 삼성전자
가 AI와 관련해 국내 출원보다 미국에 출원한 건이 더 많다는 점이다.
삼성전자가 미국에 출원한 특허는 약 130건인데 반해 국내에는 약
50건에 불과하다.

　국내의 경우 기업 차원에서의 특허출원이 활발하지 않은 만큼 대
학 및 출연 연구소에 의한 출원이 눈에 띈다. 앞서 언급한 한국과학
기술원과 한국전자통신연구원을 비롯해 포항공과대학교, 서울대학
교 등이다. 그러나 아무리 상위 출원인에 속한다 해도 한 기관당 1년
에 출원하는 건수는 5건도 채 되지 않는다. 이들이 주로 출원하고 있
는 특허를 보면 딥러닝 모델의 학습 방법, 뉴로모픽neuromorphic 회로,
인공신경망 모델 등과 관련된다.

　일본은 앞서 설명한 것처럼 우리나라에 비해 출원 건수가 더 많다.

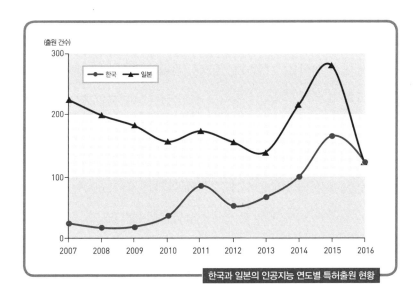

한국과 일본의 인공지능 연도별 특허출원 현황

최근 10년간 총 1,800여 건을 출원했다. 2007년 이후 감소하는 경향을 보이다가 2013년 이후 출원 건수가 급증하고 있다. 가장 많이 출원하고 있는 기업은 NTT로 약 200여 건을 출원했다. 그다음으로 NEC, 소니, 퀄컴, 후지쓰, 도시바 순이다. 퀄컴의 경우 한국과 일본 두 나라 출원에 적극적인 모습이다. 퀄컴 외에도 IBM, 삼성전자, 마이크로소프트 등이 일본 출원에 적극적인 편이다.

5 홈 네트워크의 핵심, 이미지 센서
:

인공지능과 더불어 홈 네트워크 시스템이 제대로 작동하는 데 필요한 또 하나의 중요한 기술은 사람의 위치나 형상 등을 인지하는 데 활용하는 이미지 센서다. 이미지 센서는 피사체의 정보를 검지해 전기적인 영상신호로 변화하는 장치다. 한마디로 인간의 '눈'의 기능을 하는 장치다. 과거에 카메라 필름이 그 역할을 했다면, 지금은 이미지 센서가 그 역할을 수행한다. 따라서 카메라를 활용한 제품에는 모두 이미지 센서가 부착되어 있다고 보면 된다. 디지털카메라는 물론 스마트폰, CCTV 등의 영상 장비를 떠올려보자. 거기다 최근 자율주행, VR기기, 드론 등에도 적용되고 있어 그 사용처가 매우 다양하다.

국내 이미지 센서와 관련해 출원된 특허는 약 7,500건 정도다. 2000년대 중반 가장 활발한 출원을 보였다. 2005년 한 해에만 약 900건가량의 특허출원으로 정점을 찍은 후 급격한 감소 경향을 보이다가, 2010년 이후 다시 조금씩 증가하는 양상이다. 2014년에는 약

300건가량의 특허를 출원했다.

가장 많이 출원한 기업은 삼성전자다. 그다음으로 동부하이텍, 매그나칩반도체, 동부일렉트로닉스, SK하이닉스, 현대반도체, 삼성전기, 타이완세미컨덕터메뉴팩처링TSMC, LG전자, 실리콘화일 등의 순이다.

이미지 센서의 핵심 기반이 반도체이다 보니 반도체 기업 대부분이 상위에 이름을 올렸다. 상위 출원인 10개 기업에 의한 특허출원이 약 65퍼센트 이상을 차지한다. 엠텍비전, 픽셀플러스, 레이언스 등 코스닥 상장사들에 의한 특허출원도 눈에 띈다.

상위 출원인 가운데 SK하이닉스의 경우 출원인이 SK하이닉스 또는 SK하이닉스가 현재 권리자에 해당되는 특허들만 선별해보면, 출원인에 SK하이닉스 외에 실리콘화일이 출원한 특허들도 꽤 있었다.

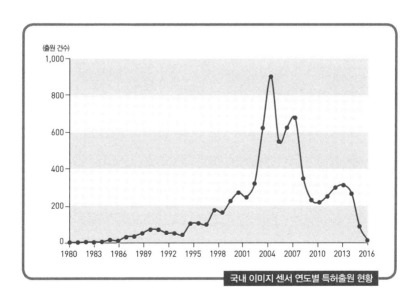

국내 이미지 센서 연도별 특허출원 현황

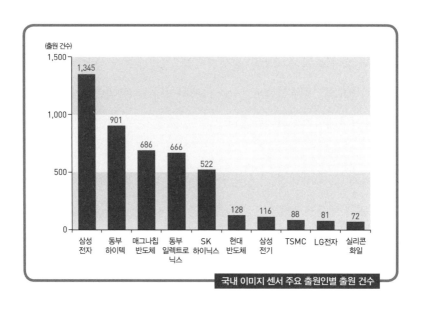

국내 이미지 센서 주요 출원인별 출원 건수

사실 실리콘화일은 이미지 센서 칩 설계 전문업체로 SK계열사였으나 2014년 4월 SK하이닉스 완전자회사로 편입되었다. 그리고 SK하이닉스는 2016년에 실리콘화일로부터 이미지 센서 사업을 영업 양수했다. 향후 SK하이닉스가 이미지 센서 분야를 강화하겠다는 뜻을 나타냈다고 해석할 수 있다. 여기에 최근 5년간 SK하이닉스가 이미지 센서 출원 활동에 매우 적극적인 상황도 이를 뒷받침한다.

매그나칩반도체 또한 SK하이닉스와 매우 인연이 깊다. 매그나칩반도체는 1979년 LG반도체로 설립되었다가, 1999년 LG반도체와 현대반도체가 합병해 하이닉스반도체가 된다.

그러나 2004년 하이닉스는 경영난으로 비메모리반도체 사업 부문을 분리해 매각하게 되는데, 이 사업 부문이 현재의 매그나칩반도체다. 그리고 SK하이닉스는 3년 동안 경쟁업종 금지 계약을 맺었고, 이 계약이 끝난 2007년부터 SK하이닉스는 소량의 이미지 센서를 생산하게 된다. 여기에서도 SK하이닉스의 이미지 센서에 대한 높은 관심을 또 한 번 확인할 수 있다.

외국기업으로는 타이완세미컨덕터메뉴팩처링, 옴니비전테크놀로지즈OmniVision Technologies, 소니Sony 등의 순으로 출원 중이다.

이 중 소니는 글로벌 이미지 센서 시장 점유율 1위 기업이다. 소니가 이미지 센서 분야에서 강자로 떠오를 수 있었던 배경에는 스마트폰 시장에서 삼성, 애플 등에 밀리기 시작하면서 사업의 전략적인 변화를 모색했기 때문이다. 대대적인 R&D투자와 더불어 도시바의 이미지 사업을 인수하면서 이미지 센서 시장에 선두로 나서게 된 것이다.

그렇다면 기술적인 측면은 어떨까?

최근 화두는 유기물질을 활용한 이미지 센서의 개발이다. 기존 이미지 센서가 무기물질인 실리콘 소재를 기반으로 구현되었다면, 이제는 유기물질을 활용하겠다는 것이다. 기존보다 빛을 받는 부분의 두께를 더 얇게 하면서 더 많은 빛을 받아들일 수 있다고 한다. 게다가 기존 고화소로 출력하면서 나타났던 색간섭 현상 등의 문제도 줄일 수 있다.

역시 유기 이미지 센서와 관련해서도 삼성전자가 가장 많은 출원 활동을 보이고 있다. 게다가 출원 건수는 매년 증가 추세다. 삼성전자의 뒤를 이어 국내 기업인 매그나칩반도체, 동부하이텍 순이며, 해외 기업으로는 후지필름, 소니가 두각을 나타내고 있다. 후지필름과 소니는 일본에서도 상위 출원인에 해당되며 삼성 역시 일본 출원에 적극적이어서, 향후 이들 기업 간 기술 선점 경쟁의 귀추가 주목된다.

6 사물인터넷의 기반, 반도체
:

이미지 센서 제조에 필요한 주요 소재는 반도체다. 반도체는 크게 두 부류로 구분된다. 메모리반도체와 비메모리반도체로, 흔히 저장에 필요한 장치를 메모리반도체라 하며, 우리는 종종 D램, 낸드플래시 등의 명칭으로 접한다. 비메모리반도체는 메모리반도체를 제외한 모든 반도체를 통틀어 말하는데, 주로 데이터 처리를 담당한다. 우리가 익히 알고 있는 중앙처리장치CPU를 비롯하여 애플리케이션프로세서AP, 통신반도체, 바로 앞에서 다뤘던 이미지 센서 등을 만드는 데 활용된다. 그리고 이러한 반도체들을 엮어 하나의 시스템으로 만들기 때문에 시스템 반도체라고도 한다.

이처럼 반도체는 우리가 사용하는 스마트폰을 비롯해 TV, 냉장고, 에어컨 등의 가전제품은 물론, 컴퓨터기기(노트북, 태블릿, 웨어러블 기기 포함), 자동차(자율주행 등), 전력 변환이나 제어에도 널리 활용되고 있다. 그리고 앞으로 IoT가 확산될수록 더 다양한 반도체를 필요로 하게 될 것이다. 인터넷에 연결된 기기들 간 정보를 수집하고 처리 및 전송을 하려면, 다양한 목적에 맞는 반도체가 필요하기 때문이다.

국내에 최근 10년 동안 출원된 반도체 관련 특허는 약 11만 건에 육박한다. 가장 많이 출원한 기업은 SK하이닉스로 약 9,500건의 특허를 출원했다. 여기서 독자들은 고개를 갸우뚱할지도 모른다. 우리나라에서 반도체라 하면 대표적으로 떠오르는 기업이 삼성전자이기 때문에 당연히 특허도 삼성전자가 가장 많을 거라고 생각할 테니 말이다.

사실 삼성전자 자체의 출원은 약 9,300건으로 SK하이닉스에 다소 뒤진다. 그러나 삼성디스플레이, 세메스 등의 계열사와 자회사를 포함한다면 삼성전자의 특허출원 건수는 SK하이닉스를 압도적으로 넘어선다. 자회사인 세메스의 경우 삼성전자와 일본의 다이니폰스크린 DaiNippon Screen MFG과 소에이츠쇼가 합작 투자해 설립한 기업으로, 국내 반도체 장비 매출 1위 기업이다.

상위 출원인에 속하는 외국계 기업도 다수 눈에 띈다. 도쿄일렉트론Tokyo Electron(일본), 반도체에너지연구소(일본), 타이완세미컨덕터메뉴팩처링(대만), 어플라이드머티어리얼즈Applied Materials(미국)의 4개 기업이 상위에 올라 있다. 이 중 도쿄일렉트론은 일본 1위의 반도체 제

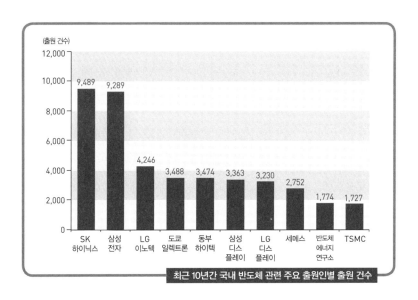

최근 10년간 국내 반도체 관련 주요 출원인별 출원 건수

조 장비 업체이자 글로벌 4위 기업으로 알려져 있다. 반도체 분야에서도 감광액 도포 부문 글로벌 시장 점유율 90퍼센트를 차지해 독점적 지위를 갖고 있는 업체이며, 한국의 삼성전자, 대만의 TSMC, 미국의 인텔 등 다수 반도체 업체에 제조용 장비를 납품하고 있다.

주요 글로벌 업체들이 상위 출원인에 올라 있는 가운데, 약진을 보이는 국내 중견기업들의 출원 활동도 눈여겨볼 만하다. 케이씨텍(반도체 소재), 주성엔지니어링(반도체 장비), 서울반도체(LED부품 제조), 앰코테크놀로지(반도체 패키징 및 테스트), 인베니아(LCD, OLED 장비) SFA반도체(반도체 조립 및 테스트), 원익아이피에스(반도체 장비), 테스(반도체 장비), 세미콘라이트(반도체 소자), 한미반도체(반도체 장비) 등이다.

전반적으로 반도체 특허출원 추이가 점차 감소하는 가운데, 과거 5년 대비 최근 5년간 출원이 증가한 중견기업으로 케이씨텍, 원익아이피에스, 세미콘라이트가 있다.

한편 중견기업으로 출원인 상위 10위 안에는 들지 못했지만 루멘스와 선익시스템의 경우 최근 5년간 과거 5년 대비 두 배 이상 많은 특허를 출원하는 기업으로 나타났다. 루멘스는 LED 전문이지만 그 밖에도 반도체 소자 등을 다루는 기업으로, 이 기업이 출원한 특허는 370여 건에 달한다. 특히 2013년과 2014년에 가장 많은 출원 활동이 이루어졌으며, 이때 출원한 특허들 대부분이 반도체 소자의 응용과 관련된 것이다.

선익시스템은 유·무기증착기술 전문 기업이다. 이 기업이 출원한 특허는 약 440건 정도다. 이 중 90퍼센트 이상이 2012년 이후 출원된 특허들이다. 약 63퍼센트가 반도체 장비와 관련된 특허이며, 27 퍼센트가 화학적 표면 처리, 증착 등과 관련한 특허들이다. 특히 표면 처리, 증착 등과 관련한 특허 중 4건의 특허는 LG디스플레이와 공동으로 출원한 특허로 파악된다. 모두 2015년에 출원된 특허이며, 선익시스템과 LG디스플레이가 공동 개발한 증착장비와 관련한 특허들일 것으로 판단된다.

한편, 반도체 출원 추이는 2010년대에 이르러서부터 전반적으로 줄어든 것으로 나타나고 있다. 2000년대 중반 가장 많은 출원 활동을 보이다 후반부터 줄어들었으며, 국내 출원인에 의한 출원 비중도 감소했다.

이러한 감소 경향에는 우선, 우리나라 기업이 집중하고 있는 메모리반도체 기술 분야가 어느 정도 성숙기에 이르렀다는 점을 그 이유로 꼽을 수 있다. 물론 차세대 메모리반도체 개발에 박차가 가해진다면 출원 건수가 다시 증가할 수는 있겠지만, IoT, 자율주행 등에 필요한 비메모리반도체 분야가 점차 확대되고 있는 만큼, 과거만큼 출원 활동을 보이기에는 한계가 있어 보인다.

또 다른 이유로는 삼성전자의 출원 활동에 따른 영향이다. 2000년대 중반까지 삼성전자는 국내 출원 건수의 평균 30퍼센트 정도의 비중을 차지했지만, 이후에는 그 비중이 13퍼센트대로까지 떨어졌다. 삼성전자가 미국에서 진행하고 있는 반도체 출원 활동과는 매우 대조적이다. 특히 2007년부터 미국 출원이 눈에 띄게 증가하는데, 2010년 이후에는 국내 출원의 약 97퍼센트에 해당하는 건수를 미국에서 출원하고 있다.

지금까지 스마트 홈 구현에 필요한 기술과 관련해 출원된 특허들을 살펴보았다. 스마트 홈 구축에는 엄청나게 다양한 기술들이 필요하지만 궁극적으로 인공지능을 얼마나 인공지능답게 작동시킬 수 있는가가 좌우하는 듯하다. 그리고 이러한 인공지능의 활용 방법은 기업에 따라 크게 두 가지로 나뉨을 파악했을 것이다. 기존 주요 가전업체들은 가전기기에 직접 인공지능 기술을 탑재하고 있었고, 그렇지 않은 기업들 즉 구글이나 애플 등은 인공지능 기술을 탑재한 스피커로 모든 가전기기들을 제어하는 구상을 하고 있다.

그러나 여기에는 하나의 전제가 필요하다. 기존 주요 가전업체들과 얼마나 협력이 가능한가이다. 이에 따라 구매자의 구매 의사가 좌우될 테니 말이다. 어떤 기업이 승기를 잡을지는 아직 지켜봐야 알겠지만, 인공지능 기술이 우리 삶을 엄청나게 변화시키고 있음은 분명하다.

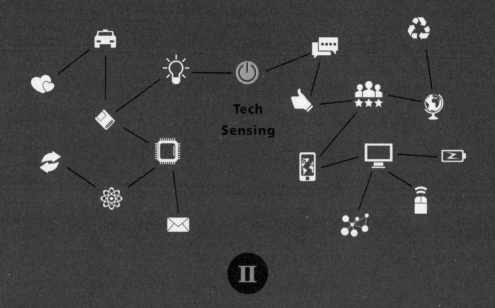

Tech
Sensing

II

로봇 의료 시대

생명과학 기술과 IT의 결합

Tech
Sensing

21세기로 접어들면서 사람들은 단순히 오래 살기를 바라던 차원에서 더 나아가 건강하게 오래 살기를 꿈꾸기 시작했다. 그래서 '웰빙'이라는 단어가 유행했고, 유기농 제품과 건강 기능식품 등 좋은 먹을거리에 대한 관심은 물론 개인별 건강관리와 맞춤식 체력단련 등에 대한 욕구도 커졌다. 그러면서 우리는 자연스럽게 고령화사회로 진입하게 되었다.

요즘 유행하는 스마트 헬스의 열풍은 이 같은 욕구를 대변한다. 스마트 헬스는 스마트폰이나 스마트워치로 사용자의 건강 여부를 체크하고 유지하도록 돕는다. 예를 들어 다음 그림은 2015년 LG전자가 출원한 능동형 스마트 텀블러다. 텀블러 내부에 통신, 센서, 배터리, 분광센서 모듈이 부착되어 있다. 이를 통해 음료의 종류, 성분, 칼로리 정보 등을 확보하고 마시는 음료의 양까지 체크할 수 있다. 게다가 사용자에게 능동적인 가이드 및 알람을 제공한다. 물을 적게 마셨

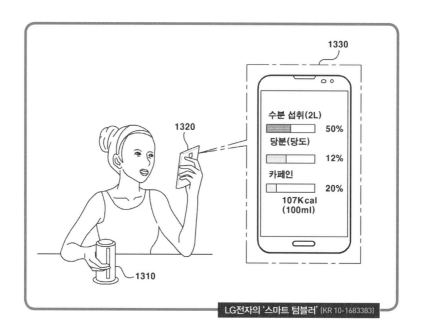

수분 섭취(2L) 50%
당분(당도) 12%
카페인 20%
107Kcal
(100ml)

1330

1320

1310

LG전자의 '스마트 텀블러' (KR 10-1683383)

다면 물을 마셔야 한다고 알람을 울리는 것이다.

스마트 텀블러는 스마트 헬스의 한 사례에 불과하다. 당연히 의료 분야에서도 스마트화가 활발하게 진행되고 있다. IBM의 왓슨이 암을 진단하고 치료법을 제시한 이야기는 너무도 유명하다. 인간의 자연어로 묻는 질문에 답할 수 있는 초고성능 인공지능 컴퓨터인 왓슨은 약 2,000만 장 분량의 암 정보와 임상 결과 등 최신 논문을 기반으로 진료 기록을 분석해 최적의 치료법을 의사들에게 제안하는 일을 하고 있다. 바야흐로 새로운 형태의 의사가 등장한 것이다.

앞으로 인공지능 등을 접목한 의료 기술의 발전 속도는 더욱더 빨라질 것이며, 불가침의 영역이었던 생명의 신비는 점점 그 베일을 벗게 될 것이다. 조만간 우리는 영화에서 봤던 것처럼 기계가 사람의 병을 진단하고 바로 치료하는 로봇 의료 시대를 맞게 될지도 모른다. 현재 스마트 의료 및 헬스와 관련해 주로 어떤 특허들이 출원되고 있는지를 한번 살펴보자.

100세 시대, 특허로 보는
국내 의료 기술력
—

WIPO[●]에서는 의료 기술Medical Technology과 관련해 IPC분류[●●]를 적용하고 있다. 이 분류에 속한 최근 10년간의 국내 출원 특허를 살펴보면 삼성전자가 가장 출원 활동이 활발하다. 그다음은 삼성메디슨, 연세대학교, 서울대학교 등의 순으로 나타났다.

그러나 국내 특허출원에서 무엇보다 외국계 기업 출원 활동이 매우 눈에 띈다. 삼성메디슨이 삼성전자의 자회사라는 점과 그 밖에 대학 및 정부 출연 연구소를 제외하면 상위권은 거의 외국계 기업이 차지하고 있다. 킴벌리-클라크Kimberly-Clark, 신세스Synthes, 유니참, 지멘스Siemens, 사노피Sanofi, 인튜이티브서지컬Intuitive Surgical 등이 모두 외국계 기업이다. 의료 기술 분야에서 외국 국적을 갖는 출원인에 의

● WIPOWorld Intellectual Property Organization는 세계지적재산권을 관장하는 UN 전문 기구
   다.
●● IPCInternational Patent Classification는 1975년에 발효된 '국제특허분류에 관한 스트라스부
   르 협정'(IPC협정이라고 통칭함)에서 채택한 특허를 포함한 기술 문헌의 분류를 위한 국제 기
   준으로, 우리나라는 1981년부터 도입해 사용 중이다.

한 국내 특허출원은 전체 출원의 약 32퍼센트를 차지한다. 우리나라가 의료 기술 분야에서 해외 기술 의존도가 높다는 사실을 보여주고 있다. 그러나 이와 반대로 앞으로의 기대감을 보여주는 지표도 있다. 2007년 국내 출원인에 의한 출원 비중은 절반도 되지 않았지만 2015년에는 76퍼센트까지 높아졌다는 점이다. 그만큼 국내 기관들에 의한 의료 기술 출원 활동이 활발해지고 있음을 주목할 필요가 있다.

우리나라 의료 기술, 누가 리딩하고 있을까?

—

외국 기업에 의한 국내 출원이 활발한 가운데 가장 두각을 보이고 있는 삼성전자는 어떤 분야에 주로 투자하고 있을까? 연도에 제한을 두지 않고 삼성전자가 의료 기술에 얼마나 특허출원을 많이 하고 있는지 살펴보았다. 그 결과 지금까지 약 2,300건 정도의 특허가 출원되었으며, 약 760건가량의 특허는 등록되어 권리가 유지되고 있는 것으로 드러났다.

삼성은 의료 기술과 관련해 1997년부터 출원 활동을 시작한 것으로 파악되지만 이는 대부분 삼성메디슨에 의해서였다. 삼성메디슨은 1985년 메디슨이라는 이름으로 설립되었고, 2011년 삼성전자에 의해 인수된다. 메디슨은 2001년 라이브 3D초음파 진단기를 세계 최초로 개발한 국내 기업이다. 한편 삼성전자의 이름으로 처음 출원된

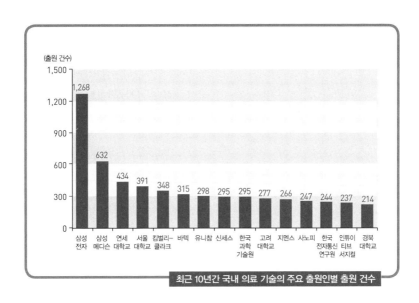

최근 10년간 국내 의료 기술의 주요 출원인별 출원 건수

특허는 1998년에 출원한 생체 신호 계측기와 관련된 것이었다.

당시 삼성의 메디슨 인수는 삼성의 미래 먹거리를 찾는 '5대 신수종사업'의 일환이었다. 한동안 경영일선에서 물러나 있던 이건희 회장의 복귀에 맞춰 추진되었던 바, 사업의 추진력은 상당했던 것으로 기억한다. 5대 신수종사업 가운데 바이오제약도 포함되어 있는 것으로 볼 때, 먼 미래의 사업 비전으로 바이오 기술력과 의료기기 기술의 결합을 바라본 것이 아닌가 예측된다.

이후 삼성메디슨은 삼성의 골칫덩어리가 아니냐라는 평을 듣게 된다. 2015년과 2016년에는 연속 200억 원대 영업 손실을 기록했고, 세계 최초라는 이름이 무색하게 시장 점유율(4퍼센트대)도 수년째 그대로였다. 이런 양상 때문이었는지 한동안 삼성메디슨의 매각설이 나돌았고, 급기야 삼성이 자사 홈페이지를 통해 매각 추진설은 사실

이 아니라고 전하는 해프닝까지 벌어지기도 했다.

그러나 인수 이후 삼성메디슨의 행보를 보면, 이러한 암흑기가 앞으로의 도약을 위한 준비 기간이 아니었을까 짐작하게 한다. 실제로 삼성메디슨은 자사의 이름으로 특허출원 활동을 지속적으로 보여주었고, 삼성전자와도 매년 공동 출원을 진행해왔다. 공동 출원 분야는 메디슨이 집중해온 진단기와 관련이 있었다.

삼성전자가 의료 기술 분야에 본격적으로 특허를 출원한 때는 2010년 이후다. 2014년에는 한 해에만 약 360건의 특허를 출원했다. 이때 출원된 특허의 대부분은 초음파 진단 장치와 관련된 것이다. 삼성메디슨에서 살펴본 것처럼, 삼성전자가 영상 진단 분야에 높은 관심을 보이고 있음을 알 수 있다. 최근에는 웨어러블 디바이스, 모바일 헬스 케어 장치 등의 특허출원도 활발하다. 스마트폰에 경쟁력 있는 삼성인 만큼, 모바일과 연동되는 스마트 헬스는 놓칠 수 없는 사업 분야다.

■ 국내 제약사의 다양한 특허 활동들

신약 개발과 특허권 확보, 제약사에게 어떤 의미일까?

2015년 한미약품이 사노피에 신약 기술을 이전하면서 한미약품의 주가는 쉬지 않고 급등했다. 초기 계약 금액만도 약 5,000억 원 규모였고, 이는 국내 제약사의 연구 개발 능력이 재평가를 받는 일대 사건이기도 했다. 이로 인해 국내 제약사들에 대한 관심이 높아졌지만, 그다음해에는 기술 수출 계약 해지와 변경 등으로 인해 주가가 하향 곡선을 그리면서 큰 파문을 일으키기도 했다.

다른 분야도 마찬가지겠지만 특히 제약 사업에 있어 특허권 확보란 그 어느 분야보다 중요하다. 신약 개발의 성공 확률은 낙타가 바늘구멍을 통과하는 것에 비유될 만큼 매우 어렵지만, 성공만 한다면 그리고 이에 대한 특허권을 확보만 한다면 황금알을 낳는 거위가 되는 까닭이다. 그렇기에 글로벌 제약사들의 특허출원은 글로벌 차원으로 진행되게 마련이다.

매출 규모 1위인 노바티스Novartis는 전 세계적으로 약 2만 5,000건의 특허를 출원하고 있다. 특히 EPEuropean Patent(유럽특허)와 미국에 가장 많은 출원 활동과 등록특허를 보유하고 있다. EP에 등록된 특허는 2,376건이며, 미국에 등록된 특허는 360건이다. 화이자는 어떨까? 화이자도 약 2만여 건의 특허를 출원하고 있으며, 미국에 가장 많은 특허를 출원하고 등록했다. 제약이 인간의 생명을 치료하는 영역이고 연구 성과를 얻기 힘든 만큼, 개발 성과에 대해서는 전세계에 걸쳐 특허 권리를 확보하는 것은 당연한 순리다. 여타 다른 분야에도 적용되는 이야기다.

국내 매출 상위 10위 안에 드는 제약사의 특허출원 활동

국내 제약사[*]의 경우는 어떨까? 국내 매출 상위 10위 안에 있는 제약사 가운데 특허출원 활동이 가장 활발한 곳은 앞에서도 언급한 한미약품이다. 그다음으로

* 제약업체의 경우 물적 분할해 지주회사 형태로 변경된 기업이 다수 있으며, 바이오 관련 자회사 등도 설립하고 있는 상황이다. 이번 분석에서는 여기서 제시한 기업 명칭으로만 검색했을 때 도출된 검색 결과값을 합산하는 정도로 파악했다.

동아에스티, 유한양행, 대웅제약, 종근당, 녹십자 등의 순으로 특허출원이 진행되고 있다. 국내 제약사들의 특허출원은 매년 증가하는 추세이며, 2004년 이후로 가파르게 증가했다. 다만 최근 10여 년 동안의 특허출원 증가세는 대부분 한미약품의 특허출원에 영향을 입은 바 크다.

한미약품은 2000년 이후 영업이 부진했던 2008년부터 2011년까지를 제외하면 타 제약사들의 평균 출원 건수의 3배에 달하는 특허출원을 이어오고 있으며, 현재 국내 제약사 중 가장 많은 특허출원 및 등록특허를 보유하고 있다. 실제로 국내 제약사 중 매출액 대비 연구 개발에 가장 많이 투자하고 있는 기업도 한미약품이다. 한미약품에는 미치지 못하지만 종근당, 대웅제약, CJ헬스케어, 동아에스티 등 근래 들어 연구 개발에 투자를 많이 하는 기업들의 경우, 2010년 이후 특허출원이 꾸준히 증가하는 양상을 확인할 수 있다.

▶ **국내 매출 상위 10위 제약사의 특허출원 현황**

	기업명	2016년도 매출	국내 특허출원 건수
1	유한양행	1,320,797	253
2	녹십자	1,197,904	196(119 녹십자홀딩스)
3	광동제약	1,056,429	77
4	대웅제약	883,920	265(147 대웅)
5	한미약품	882,725	556(345 한미사이언스)
6	종근당	831,986	224(163 종근당홀딩스)
7	제일약품	617,280	88
8	동아에스티	560,535	83(16 동아쏘시오홀딩스)

| 9 | CJ헬스케어 | 520,832 | 42 |
| 10 | JW중외제약 | 467,465 | 167 |

의료 기술과 IT의 만남,
국내 스마트 의료 및 헬스 특허들

—

국내에 스마트 의료 또는 헬스와 관련해 출원된 특허는 약 1,500건 정도로 파악된다. 이는 미국 출원의 3분의 1 정도에 해당한다. 특허 출원 활동 자체는 2000년대 후반에 들어서면서 꾸준한 상승세를 보이고 있지만 출원을 주도하고 있는 곳은 삼성전자 한 곳에 불과하다.

삼성전자 외에는 기업보다는 정부 출연 연구기관 또는 대학들의 출원 활동이 눈에 띈다. 물론 LG전자와 SK텔레콤이 스마트 의료와 관련한 특허들을 출원하고 있지만, 그다음으로 한국전자통신연구원, 연세대학교, 가천대학교, 전자부품연구원 등 정부 출연 연구기관 및 대학이 줄을 잇고 있다.

또한 이들 출원인의 기관당 평균 출원 건수도 20건이 채 되지 않는 것으로 나타났다. 출원의 대부분은 이동통신기기를 이용한 건강관리 시스템 또는 원격 건강관리 시스템과 관련된다. 국내에서는 스마트 의료보다 스마트 헬스에 더 집중하는 양상이다.

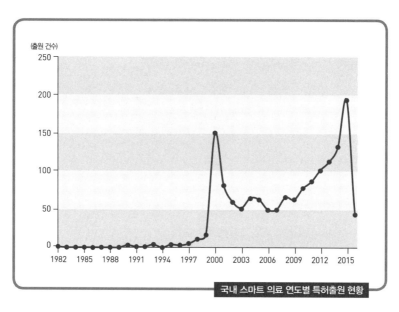

국내 스마트 의료 연도별 특허출원 현황

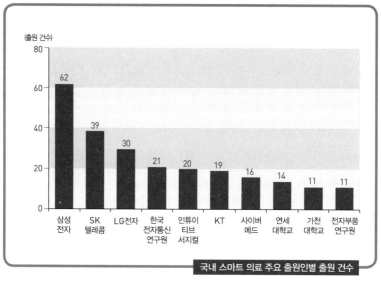

국내 스마트 의료 주요 출원인별 출원 건수

이동형 생체 측정 기술이
선도할 미래

―

국내 스마트 의료와 헬스 분야는 삼성전자가 이끌고 있다. 삼성전자의 최근 출원 경향을 보면 개인의 건강관리 측면에서의 모바일 헬스, 원격 의료 시스템, 의료기기의 모바일 제어 등과 관련한 특허들을 많이 출원하고 있다.

우선 개인의 건강관리 측면에서 출원되고 있는 특허들을 살펴보자. 최근에는 사용자가 병원에 가지 않고 어디서든 간편하게 신체 정보를 이용해 진단할 수 있는 기기들이 많이 나오고 있다. 삼성전자가 출원한 특허도 사용자가 가지고 있는 스마트폰 등을 이용해 신체를 촬영해 진단할 수 있는 기기다. 그러나 다른 휴대용 기기들이 하나의 신체 정보만을 얻을 수 있도록 만들어졌다면, 삼성의 이 특허는 스마트폰 등에 관련 부품을 선택적으로 부착할 수 있는 모듈형으로 만들어 다양한 신체 정보를 얻을 수 있도록 한 것이 특징이다.

사용자가 보유한 스마트폰의 카메라 부분에 광학헤드를 부착한 다음 손바닥, 눈, 귀 등 여러 부위를 촬영해 애플리케이션 등을 이용해 이미지를 분석하고, 이에 기초해 사용자의 건강 상태를 진단할 수 있다. 또는 HMD^{Head Mounted Display}(안경처럼 머리에 쓰고 대형 영상을 즐길 수 있는 영상 표시 장치) 등을 이용해 생체 정보를 얻을 수도 있다. 그리고 기기를 이용해 얻은 신체 정보를 병원을 비롯한 외부 진단 시설에 전송할 수 있어, 큰 병이 아닌 경우 병원에 가지 않아도 원격으로 진단

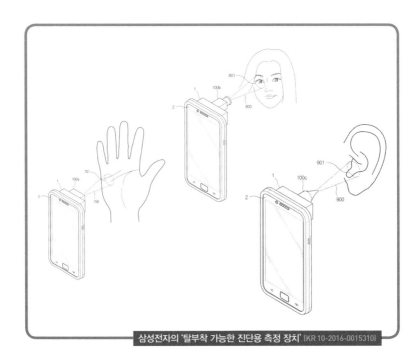

삼성전자의 '탈부착 가능한 진단용 측정 장치' (KR 10-2016-0015310)

및 처방을 받을 수 있다.

다음은 '휴대용 혈압 측정 장치'에 관한 특허다. 이 특허는 삼성전자가 최근에 등록받은 특허로 손가락이나 손목을 이용해 혈압을 측정하는 장치다. 이미 시중에도 유사한 형태의 혈압 측정 장치가 나와 있지만, 기존의 팔(상완, 어깨에서 팔꿈치까지의 부분)을 이용한 혈압계에 비해 정확도가 낮다는 단점이 있다. 일단 손목과 손가락은 팔(상완, 어깨에서 팔꿈치까지의 부분)에 비해 심장과의 거리가 멀기 때문에 그 값에서 차이가 발생할 수밖에 없다.

이에 삼성전자는 이 같은 단점을 줄이기 위해 맥파 전달 속도를 이용한 손목 또는 손가락 동맥혈압을 측정하는 방법을 고안해낸 것이

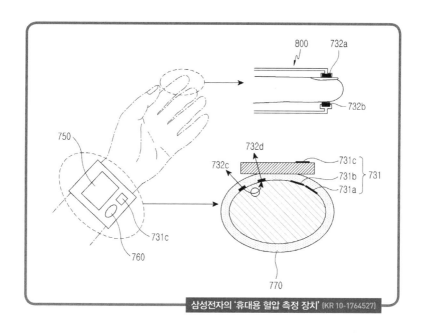

삼성전자의 '휴대용 혈압 측정 장치' [KR 10-1764527]

다. '맥파'란 맥박이 말초신경까지 전달되면서 생기는 파동으로 정확한 혈압 측정을 돕는다.

혈압 측정 장치는 혈압을 측정하는 장치, 맥파 전달 속도를 측정하는 장치, 손가락 또는 손목 동맥의 혈압값을 상완 동맥의 혈압값과 대응시키는 제어 장치를 포함시켜 만든다. 이를 통해 기존의 상완 동맥의 혈압 측정값과의 편차를 효과적으로 보정할 수 있다는 것이다. 결과적으로 사용자는 상환형 혈압계로 측정한 혈압과의 일관성을 확보할 수 있고, 수시로 혈압을 간편하게 측정하고 관리할 수 있다.

그 밖에 '생체 신호를 측정하는 로봇' 특허도 출원하고 있다. 명칭 그대로 사람의 맥박, 근전도, 심전도 등 다양한 생체 신호를 측정하는 인간 형태의 지능형 로봇에 대한 기술이다. 아직도 먼 미래의 일일 듯한 인간형 로봇에 대한 기술이다.

등록된 특허 내용에 따르면 네 가지 기능을 통해 작동한다고 기술되어 있다. 명령을 받는 입력 장치, 대상자의 위치 및 측정 부위를 확인하는 인식 장치, 전극이 달린 로봇의 팔을 움직이거나 위치를 이동시킬 수 있는 제어 장치, 전극 등을 이용해 생체 신호를 측정할 수 있는 측정 장치다. 그리고 로봇이 측정 입력을 받으면 스스로 대상자에게 다가가 생체 신호를 측정한다. 적외선 스캐너, 레이저 등의 장비를 이용해 3차원으로 대상을 인지하고, 손가락 끝이나 다른 부위에 부착된 전극을 통해 정확하게 각종 생체 신호를 측정할 수 있다.

이러한 생체 신호 측정 로봇은 원격 진료에도 효과적으로 사용될 수 있다. 가정마다 로봇을 구비하지는 못하더라도 마을 회관이나 일

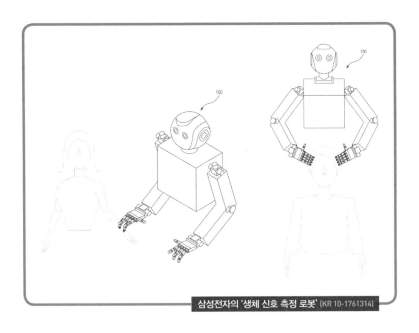

삼성전자의 '생체 신호 측정 로봇' (KR 10-1761314)

정 지역마다 이 로봇이 배치된다면, 거동이 힘든 노인들이나 또는 거리상으로 멀리 떨어져 있어 병원에 방문하기 어려운 사람들이 가까운 곳에서 로봇에 의해 측정된 신호를 바탕으로 원격 진료를 받을 수 있을 것이다.

물론 사용자가 직접 몸의 정확한 곳에 전극을 붙이는 것은 어려울 수 있다. 특히 노인들에게는 누군가의 도움이 필요한 것은 사실이다. 그러나 생체 신호를 정확히 측정할 수 있는 로봇의 상용화는 고령화가 가속화되는 우리 사회에 큰 도움을 줄 것임은 분명하다.

흔히 나이 드신 어른들이 자주 하는 말 중에 "내 몸은 내가 잘 안다"는 표현이 있다. 그러나 우리는 정작 우리의 건강에 대해 얼마나 잘 알고 있을까? 병원의 좋은 점은 다양한 검사 항목에 대한 수치화를 통해 건강 여부를 의사가 판단하고 알려준다는 것이다. 그리고 의사는 "운동을 하세요", "수분을 좀 더 섭취하세요", 또는 "단백질을 보충하세요", "야채를 많이 드시고 육류를 줄이세요" 같은 말로 조언을 해준다. 그러나 얼마만큼이나 더 섭취해야 하는지 등은 자세히 알려주지 않는다.

아쉽게도 이렇듯 우리는 병원에 가지 않으면 몸에 대한 기본 수치를 얻기 어렵다. 삼성전자가 보여주는 여러 웨어러블 또는 이동형 생체 측정 기술들이 발전할수록 우리는 몸의 변화를 스스로 정기적으로 체크하고 관리할 수 있을 것이다. 그리고 실제로 지금 병원에 가서 정밀 진단을 받아야 하는 상황인지 아닌지도 어렵지 않게 알 수 있을 것이다. 병원은 이미 내가 축적해놓은 데이터를 기반으로 데이터들 간 비교 분석을 통해 보다 정확히 진단하고, 치료 방법을 추천해줄 것이다. 얼마나 대단한 일인가. 병이 한참 진행되고 나서 병원에 간다면 아무리 첨단 기술이 도입된다 해도 돌이킬 수 없는 안타까운 경우를 자주 목격하곤 하지 않는가.

스마트 의료와 헬스 분야에
뛰어든 전문 기업들
—

삼성을 제외하면 아직까지 두각을 보이는 기업을 찾기는 쉽지 않다. 앞서 언급했듯이 LG전자 및 통신사들도 스마트 의료보다는 헬스 쪽으로 방향을 잡고 있기 때문에 투자에 소극적인 게 사실이다.

대기업은 아니지만 스마트 의료 및 헬스 분야에서 특허를 출원 중인 몇몇 기업을 소개한다. 인성정보, 유비케어, 길재소프트다. 향후 이들 기업의 적극적인 출원 활동을 기대해본다.

❶ 인성정보
:

인성정보는 1992년에 설립된 IT 인프라 및 솔루션을 제공하는 업체다. 현재 코스닥 상장기업으로 최근 유−헬스케어U-Health Care('유비쿼터스헬스케어'의 줄임말로 유비쿼터스와 원격 의료 기술을 활용한 건강관리 서비스를 뜻한다) 사업에 본격적으로 뛰어들고 있다. 국내보다는 해외 시장을 우선 공략하려는 듯하다. 자사의 원격 의료기기를 미국 보훈부 '홈 텔레헬스' 프로젝트를 통해 공급하는 계약을 체결했다고 한다.

인성정보가 국내에 출원한 특허는 총 29건이다. 특히 2009년부터 헬스케어와 관련한 특허를 적지만 꾸준히 출원하고 있다. 생체 정보 측정기기, 원격 건강관리 시스템, 스마트폰을 이용한 의료 정보 관리 네트워크, 무선통신을 이용한 의료기기 제어 시스템 등과 관련한 특허를 출원 중이다.

2 유비케어
:

유비케어는 헬스케어 솔루션 전문 기업으로 현재 코스닥 상장사다. 국내 최초로 병원에서 환자 접수에서부터 시작해 진료, 검사, 청구, 수납 등에 이르기까지의 전반 작업들을 정보화하는 통합 솔루션을 제공하는 기업이다. 또한 약국의 처방조제, 보험청구, 약품 및 고객 관리 등 약국에서 일어나는 전반적인 업무를 지원하는 통합 약국관리 시스템도 제공한다.

출원된 특허도 대부분 이러한 솔루션과 연관성이 높다. 처방전 작성 시스템, 모바일 장치를 통한 처방전 전달 방법, 약품 주문관리 시스템, 진료 예약 시스템, 검진 결과에 기초한 병원 추천 장치, 응급 상황 알림 방법 및 응급 상황 알림 시스템 등과 관련한 특허들을 출원하고 있다.

❸ 길재소프트

:

길재소프트는 2015년에 설립된 스타트업으로 VR 의료기기에 도전하고 있다. 배 속의 아이를 모니터가 아닌 VR 기기를 통해 확인할 수 있는 기기를 개발했다. VR 기기로 아이를 만나볼 수 있어 더욱 생생하다. 아빠와 엄마 중 누구를 더 닮았는지 등을 더 생생히 볼 수 있다면 그 감동은 얼마나 크겠는가? 출원하고 있는 2건의 특허도 모두 증강현실 영상을 지원하는 초음파 영상 진단 시스템과 관련이 있다. 아직까지 국내에서 심사 중인 것으로 파악된다. 향후 이를 기반으로 VR 의료기기 업체로 우뚝 서길 기대해본다.

미국의 스마트 의료,
누가 가장 앞서가고 있나?

—

현재까지 스마트 의료라 하면 역시 미국이 가장 앞서가고 있다. 미국에 출원된 스마트 의료 및 헬스 관련 특허는 약 4,200건 정도다. 스마트 의료 분야인 만큼 디지털 데이터 처리, 통신, 정보 전송 등과 관계있는 특허가 전체 출원 특허의 약 60퍼센트나 되었다. 건강 상태에 대한 데이터 관리나 의료적 모니터링 시스템, 의료기기 작동에 필요한 데이터 처리 등과 관련한 것들이다.

가장 활발한 출원 활동을 보인 곳은 메드트로닉Medtronic, 카디악

Cardiac, 제너럴일렉트릭General Electric, 지멘스, 필립스Philips, 코비디엔 Covidien 등의 순으로 나타났다. 출원 건수는 많지 않지만 낯익은 기업들도 눈에 띈다. 마이크로소프트, AT&T, 올림푸스Olympus, 시스코 Cisco, 퀄컴, 구글 등이다. 그리고 스마트 헬스 분야로 사업의 포커스

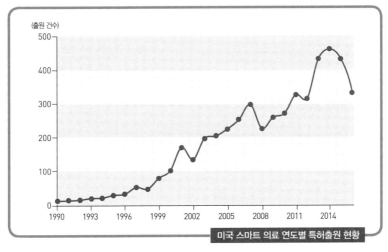

미국 스마트 의료 연도별 특허출원 현황

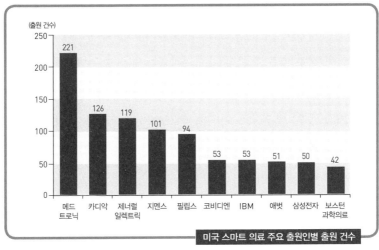

미국 스마트 의료 주요 출원인별 출원 건수

를 맞추고 있는 인터치테크놀로지InTouch Technology, 카디널헬스Cardinal Health 등도 향후 출원 활동에서 주목할 만하다.

국내 기업으로는 유일하게 삼성전자가 상위 출원인에 올라 있다. 삼성전자 외에는 LG전자 정도가 미국 출원 활동을 보일 뿐, 그 외에 적극적인 국내 기업을 찾기란 쉽지 않다.

미국 스마트 의료 분야의 제1위 특허출원인인 메드트로닉은 1949년에 설립된 다국적 의료기기 업체로, 2015년 기준 한 해 매출액만 약 200억 달러(한화로 22조 5,000억 원) 규모를 자랑한다. 심부전, 파킨슨병, 다운증후군, 소아비만증, 만성통증, 당뇨 등 30여 개 이상의 만성질환과 관련된 의료 장비를 개발 및 제조하고 있다. 상위 출원인에 해당하는 코비디엔도 메드트로닉이 2014년에 인수한 바 있다.

메드트로닉은 무선통신을 활용한 의료기기와 관련한 특허를 다수 출원하고 있다. 특히 이식형 의료기기 관련 특허들이 눈에 띄는데, 사실 메드트로닉은 MRI 검진이 가능한 이식형 의료기기를 선도하는 기업이다. 이러한 기기의 개발이 매우 중요한 이유는 사람 몸에 이식된 기기의 경우 대부분 금속성 재질과 전자회로를 기반으로 하기 때문에 일반 MRI를 통한 검진이 매우 어렵다는 데 있다. 검진 과정에서 자기장 등의 발생으로 이식형 의료기기에 오작동이 발생하거나 멈추는 등 환자의 생명을 위협할 수 있고 MRI를 찍더라도 이미지가 왜곡될 수 있기 때문이다.

메드트로닉이 최근에 출원한 특허 가운데 이러한 이식형 의료기기와 관련한 특허를 한번 살펴보자.

이 특허는 '이식형 의료기기 시스템을 원격 프로그래밍' 하는 방법에 관한 것인데, 환자 몸에 이식된 의료기기는 환자에게 척추 자극, 신경 자극, 약물 전달 등의 치료법을 제공할 수 있다. 의사는 원격 네트워킹 장치를 사용해 환자 데이터에 접속하고, 치료 효능을 증진 또는 유지하거나 부작용을 줄이기 위해 이 이식형 의료기기의 프로그래밍 변경 여부를 결정할 수 있다. 환자 상태에 맞는 적절한 치료를 유도할 수 있다는 점에서 보다 효과적인 치료가 가능해 보인다.

한편 이식형 의료기기와 MRI와 관련해서는 약 50건 정도의 특허를 출원하고 있는 것으로 나타났다. MRI 스캔이 적정한지 결정할 수

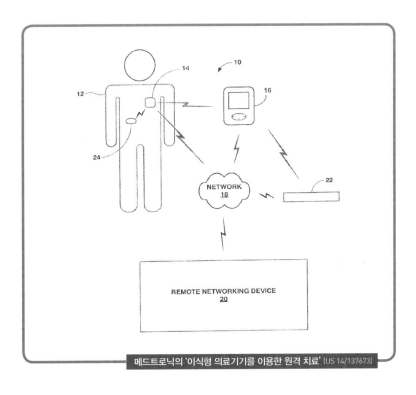

메드트로닉의 '이식형 의료기기를 이용한 원격 치료' [US 14/137673]

있는 기술, 이식형 의료기기가 MRI를 자동으로 감지하고 MRI 모드로 전환하는 기술, MRI의 간섭 신호로부터 영향을 덜 받거나 감쇄시키는 어떠한 장치와 관련한 특허들이 주를 이룬다.

다음은 체내에 의료기기를 이식하는 외과 수술을 시행할 때 증강현실 기술을 활용해 보다 안전한 수술을 지원할 수 있음을 보여주는 특허다. 환자 신체 내부에 의료기기를 삽입하기 위해서는 어느 정도의 절개는 반드시 필요하다. 그러나 인간의 해부학적 구조가 의사의 시야를 가릴 수 있어 수술에는 늘 위험이 따른다. 다시 말해 다른 장기의 손상 등이 발생할 수 있다. 그렇다고 의사의 시야를 확보하기 위해 환자의 신체를 더 크게 절개할 수는 없다.

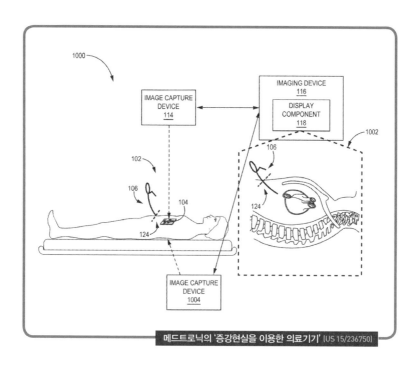

메드트로닉의 '증강현실을 이용한 의료기기' (US 15/236750)

앞의 그림에서 환자의 몸을 크게 확대한 부분을 보자. 절개부에 삽입된 기구를 지닌 환자의 실제 몸을 이미지 디바이스가 시각화해서 보여준 것이다. 환자의 위쪽에 위치한 이미지 캡처 디바이스와 환자의 측면에 위치한 캡처 디바이스로 촬영한 영상을 이미지 디바이스로 전송하면, 이미지 디바이스가 이를 수신하고 분석해 삽입할 의료기구의 정확한 방향과 위치로 접근하도록 돕는다.

생활가전에서 의료기기로의 새로운 승부수

—

상위 출원인 중 제너럴일렉트릭, 지멘스, 필립스는 한때 생활가전 시장의 대표주자로 손꼽혔던 기업들이다. 그러나 일본 기업들에게 그 자리를 내주면서 어떤 새로운 돌파구를 찾아야 했다. 따라서 이들은 모두 의료기기 시장으로 눈을 돌렸고 지금은 세계 의료기기 시장의 상위 5위 안에 드는 기업이 되었다.

이들 기업이 가장 많이 출원하고 있는 분야는 진단이다. 진단기기와 관련해 높은 기술력을 자랑하는 만큼 특허출원도 매우 활발하다. 최근 출원하고 있는 특허들을 보면 보다 정확한 영상 판독을 가능하게 하는 기술이나 영상 내비게이션, 의료 네트워크, 의료기기의 원격제어, 무선 의료기기 등에 관한 것들이다. 그리고 무선으로 환자를 모니터링하는 장치와 방법에 관한 특허들도 잇달아 출원되고 있다.

예를 들어 센서를 이용해 환자의 몸 상태를 점검하고 원격지로 전송하는 등이다.

지멘스는 메드트로닉처럼 진단 이미지에서 VR 기술을 접목한 특허들도 출원하고 있다. 2001년 처음으로 증강현실을 활용해 이지미가이드가 가능한 신경외과 수술법 및 수술용 장치에 관한 특허를 출원했다. 이후 2002년과 2005년에도 '의료 개입 과정에서 증강현실 내비게이션의 시스템 및 방법'과 '이미지 기반 내비게이션 시스템을 활용한 증강현실 기구의 배치 방법'에 관한 특허를 출원했는데, 이들 특허는 각각 2010년과 2017년에 등록되었다.

특허 내용을 보면 증강현실을 활용할 경우, 예를 들어 환자의 피부 위에서 타깃이 위치하는 부분을 보다 정확히 표시할 수 있어 바늘 등의 진입 경로를 더욱 정밀하게 설정함으로써 근처 신경을 손상하지 않고 표적 종양 내에 삽입할 수 있도록 도와준다는 것이 주된 골자다.

삼성도 '증강현실 기술을 활용한 수술 로봇 시스템'과 관련한 특허를 출원하고 있다. 최소 침습 수술에서 사용자, 즉 의사의 시선 이동에 따라 대응되는 부위의 가상 영상을 실시간으로 확인할 수 있어서 수술 영역을 보다 효과적으로 관찰할 수 있다. 그 원리를 보면 수술 전에 촬영된 영상을 3차원 영상으로 변환해 가상 영상으로 저장하고 이를 의사가 장착하고 있는 증강현실 VR기기를 통해 영상으로 전송할 수 있다. 그리고 의사가 장착한 카메라로 환자의 수술 위치(표적)의 실제 영상을 확보하고, 거기에 저장해두었던 가상 영상을 덮어씌우는 방식으로 합성한 증강현실 영상을 띄워 디스플레이에 표시하는 형태다.

또한 카메라와 환자의 거리가 가까워지면 해당 부위와 대응되는 가상 영상도 확대해 실제 영상과 합성할 수 있으며, 반대로 멀어지면 해당 부위와 대응되는 가상 영상을 축소할 수 있다. 따라서 의사가 살펴보는 부위의 체내 영상이 그대로 표시되기 때문에, 피부로 감싸진 수술 영역을 효과적으로 관찰할 수 있어 주변 조직 및 장기를 손상하는 사고 등을 방지할 수 있다.

삼성전자, 메드트로닉, 지멘스 등 증강현실을 수술에 활용하고자 하는 기업들의 기본 생각에는 차이가 없어 보인다. 다만 구현하는 방법, 아이디어에 차이가 있을 뿐인 듯하다. 수술 정확도를 높이고 환부의 최소 절개를 통한 수술을 지원할 수 있는 만큼, 관심이 쏠리는 분야라 할 수 있다.

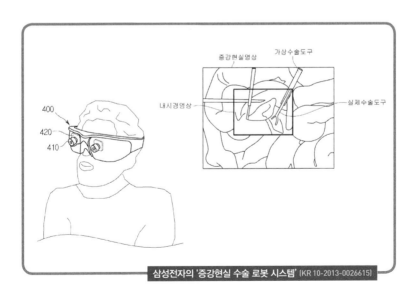

삼성전자의 '증강현실 수술 로봇 시스템' [KR 10-2013-0026615]

증강현실과 가상현실이 개척하는
스마트 의료

—

그 밖에도 AR/VR기술을 의료 분야에 접목하려는 기업들이 있다. 단순하게 증강현실이라는 단어를 포함하는 의료 분야 특허를 살펴보면 약 120건의 특허가 미국에 출원되어 있다. 출원인을 살펴보면 앞서 소개한 지멘스보다 더 많은 출원 활동을 보이는 기업이 있다. 바로 매직리프다. 사실 매직리프는 문화와 관련한 AR/VR 특허출원의 상위 출원인이다. 이 기업이 출원한 특허들을 살펴보면 전체 출원 특허(약 260건)의 약 10퍼센트가 의료 분야로 대부분 진단과 관련이 있다.

매직리프의 설립자는 로니 애보비츠다. 특허 검색 창에 로니 애보비츠를 입력하면 5건의 특허가 검색된다. 이 중 4건은 출원인이 마코서지컬로 변경되어 있고, 나머지 1건은 매직리프로 변경되어 있음을 알 수 있다. 사실 이 마코서지컬은 로니 애보비츠가 정형외과 의사의 골 절제를 돕는 정교한 로봇 팔을 개발해 2004년에 설립한 회사다. 그리고 2013년 세계 2위 의료기기 업체인 스트라이커에 17억 달러에 매각되었다. 현재까지 마코서지컬이 미국에 출원한 특허는 총 153건이며, 한국에도 12건의 특허를 보유하고 있다.

그러나 로니 애보비츠는 마코서지컬을 매각하고도 여전히 의료 분야에 대한 관심을 놓지 않는다. 매직리프로 출원된 특허들을 보자. AR/VR을 활용해 색맹 및 망막 이상에서 시력 손실 및 약시, 노안에 이르기까지 다양한 눈의 상태를 진단, 치료하는 것과 관련한 특허들을 출원하고 있다.

매직리프의 증강현실 기기는 다른 기업의 HMD와 달리 눈에 직접 이미지를 투사하기 때문에 안과에서 해야 하는 눈의 상태 점검이 가능하다. 특허 내용을 보면 기기에 부착된 카메라와 다양한 센서를 이용해 색수차, 굴절률, 망막 상태 등 안과에 가지 않고도 다양한 검사를 할 수 있으며, 검사 결과를 병원에 전송해 안과의사의 처방전을 직접 눈으로 보는 것도 가능하다고 한다.

그리고 단순한 검사로 그치는 것이 아니라, 카메라를 통해 촬영된 영상이나 이미지를 처방전을 바탕으로 현재 안구 상태에 맞게 초점 보정, 웨이브프론트Wavefront 보정, 색상 보정 등 다양한 처리를 통해 보정된 영상을 눈에 직접 투사할 수 있다.

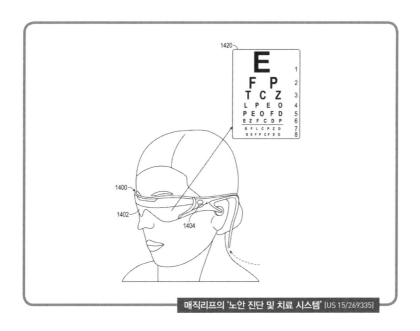

매직리프의 '노안 진단 및 치료 시스템' (US 15/269335)

따라서 매직리프의 증강현실 기기는 노안 및 원·근시, 색맹 등 다양한 안구질환을 가진 환자가 별다른 치료를 받지 않고도 사물을 보다 똑바로 볼 수 있도록 보조할 수 있다.

인공전자피부와 뇌 과학 :
IBM의 인공지능 혁신

―

이번에는 의료기기 업체가 아닌 기업들이 어떤 특허를 출원하고 있는지 살펴보자. 먼저 IBM이다.

IBM이 의료 기술과 관련해 미국에 출원한 특허는 약 540건 정도로 파악된다. IBM이 처음으로 이 분야에서 특허를 출원한 때는 1975년으로 나타났다. 시각 장애인을 위한 디지털 장치로 해당 특허는 이후 많은 기업에게 인용되고 있었다. 실리콘라이트머신Silicon Light Machines, 마이크론테크놀로지Micron Technology, 졸메디컬Zoll Medical 등으로부터 지금까지 630건의 특허를 인용했다. 실리콘라이트머신과 마이크론테크놀로지는 반도체 관련 기업이며, 졸메디컬은 응급 의료기기를 생산하는 업체다. 특히 실리콘라이트머신은 2008년에 대일본스크린이, 졸메디컬은 2014년에 일본의 아사히카세이가 각각 매입해 그룹 자회사로 편입시킨 바 있다.

IBM도 2010년 이후로 들어서면서 의료 기술 관련 특허출원에 적극적인 모습을 보이기 시작해, 2015년에는 약 80건의 특허를 출원했다. 출원 특허를 보면 진단 등과 관련한 특허가 전체 출원의 53퍼센트를 차지하며, 디지털 처리가 24퍼센트, 데이터 인식 및 표시가 7퍼센트 등으로 나타났다.

최근 특허를 보면 기술적으로 나노 기술, 바이오 기술, 반도체 기술들을 융복합하는 모습을 보인다. 병원균을 파괴 또는 감소시키기 위한 반도체 나노구조, 나노패턴 바이오센서 전극 등의 특허가 출원되고 있었다. 그리고 인공전자피부에도 나노와 반도체 기술을 접목했다.

2015년 11월에 출원된 '인공전자피부'(US 14/935395)는 반도체 층위에 나노구조를 포함시켜, 압력 감지 기능이 우수한 인공전자피부를 만드는 것을 내용으로 한다. 기존 인공피부가 감당하지 못하는 신경계 문제로 고통받는 사람들의 감각을 되돌려주거나, 수술용 로봇손 등에 적용해 보다 정교한 수술을 시행하는 데 사용될 수 있을 듯하다. 더 나아가 이러한 기술이 경제성을 확보하게 된다면 의료 분야뿐 아니라 일상생활에서 우리가 접하게 될 로봇에게도 인공전자피부를 씌워, 사람처럼 촉감이나 압력을 느낄 수 있게 되지 않을까 상상해본다.

국내에도 인공전자피부와 관련한 특허가 출원되고 있다. 대표적으로 서울대학교와 기초과학연구원이 2016년에 출원한 '피부 보철용 신축성 전자장치'다. 부드러운 실리콘 고무 속에 신축성 있는 초소형 센서들을 배열해 압력, 온도, 습도, 힘에 의한 피부 변형까지 감지할 수 있는 스마트 인공피부와 관련된 것으로 현재 한국 특허청에서 심사 중이다. 이 기술은 미국에도 출원되어 있다.

한편 IBM이 최근 많이 출원하고 있는 의료 분야는 아마 뇌 과학 분야가 아닐까 싶다. 외상성 뇌 손상과 관련한 바이오마커와 모니터링, 뇌파 기록 신호 등과 관련한 출원들이 눈에 띈다. 아무래도 인공지능 왓슨을 보유한 IBM으로서 어찌 보면 당연한 듯하다.

IBM이 출원하고 있는 인공지능 관련 특허 중 의료 분야로 응용된 기술의 특허들을 도출해보면 생각보다 그리 많지 않다. 약 40건의 특허가 의료 분야에 직접적으로 응용된 기술에 관한 특허다. 주로 질병 유전자 분류와 식별, 약물 설계, 약물 부작용과 치료 징후의 연관성,

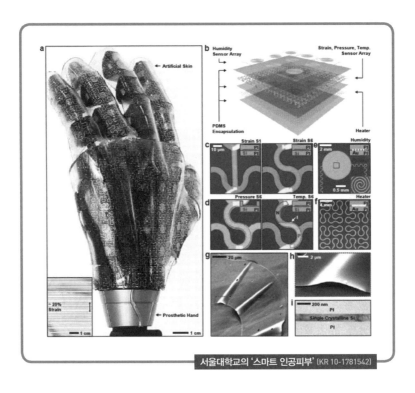

서울대학교의 '스마트 인공피부' (KR 10-1781542)

인지 의료 장치, 환자의 진단 예측, 실시간 환자 분석 등에 관한 특허들이다.

이 중 요즘 출원된 특허와 등록된 특허를 한번 살펴보자. 우선 2015년에 출원된 특허(US 14/929995)다. 약물 설계와 관련된 특허로 최근에야 공개되었다. 약물 목록, 각 약물의 특성, 약물과 질병의 연관성을 활용해 합리적인 약물 설계를 위한 계산 방법을 제공하는 것과 관련이 있다. 신약 개발에 얼마든지 인공지능 기술을 활용할 수 있음을 잘 보여준다.

2017년에 등록된 특허(US 9530095)도 의약 개발의 정보를 도출하는 데 활용될 수 있는 특허인 듯하다. 의약품 부작용과 치료학적 징후 사이의 연관성을 탐사하기 위한 방법과 시스템에 관한 것으로, 다양한 출처의 약물 및 질병에 관한 다량의 데이터로부터 유용한 정보를 도출할 수 있는 전산 모델 및 기계 학습 방법에 관한 것이다.

생체 정보 측정 기술:
구글의 고령화사회를 위한 대안

—

이번에는 구글을 살펴보자. 구글이 출원하고 있는 특허 중 혈당 측정과 관련한 특허가 많다. 일반적으로 당뇨환자는 주기적으로 혈당을 체크해야 하는데, 기존에 이 과정은 매우 번거로웠다. 혈당 하나를 체크하기 위해 바늘, 혈당 측정기, 혈당 검사지, 알코올 솜 등 준비물

이 많았기 때문이다. 게다가 바늘로 늘 손가락을 찔러야 하는 등 번거로움도 컸다. 그러나 2014년에 출원한 구글의 특허를 보면 채혈의 불편함과 손가락에 주는 아픔을 단박에 해소해줄 것만 같다.

이것은 바로 손목에 착용하거나 휴대할 수 있는 장치로, 공기 압력을 이용해 혈액을 뽑아내 혈당을 체크할 수 있는 기기다. 바늘 없이 과연 어떻게 피를 뽑아낸다는 것일까? 특허 내용을 보면 피를 뽑아내는 채혈기에 혈액 채취용 마이크로 입자와 고압가스가 들어 있어, 이 채혈기를 손가락에 대면 순간적으로 마이크로 입자와 고압가스가 분출해 피부를 관통하고 혈액을 빨아들이는 구조다. 게다가 해당 채혈기는 스마트워치 내에 보관할 수 있다.

구글이 이처럼 생체 정보 측정 기술에 관심이 높다는 사실은 다른

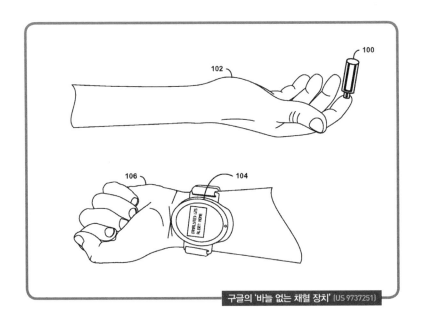

구글의 '바늘 없는 채혈 장치' (US 9737251)

특허에서도 나타난다. 2012년에는 스마트 콘택트렌즈로 하는 혈당 측정과 관련한 특허들이 출원되었다. 눈물을 활용하는 방법이다. 해당 특허는 구글이 노바티스 자회사인 알콘Alcon과 개발하고 있던 포도당 감지 콘택트렌즈와도 어느 정도 연관 있어 보인다. 그리고 2014년에는 눈에 이식하지 않는 센서, 마이크로칩, 그리고 렌즈 안에 부착된 소형화된 전자기기를 통해 혈당을 측정, 무선으로 모바일 단말기를 통해 혈당치를 체크하도록 하는 방법과 관련한 특허도 출원했다.

2016년에는 피부 속에 삽입해 각종 수치를 진단할 수 있는 칩 형태의 의료기기에 대한 특허도 출원했다. 칩은 '압타머Aptamer'라는 물질을 기반으로 만들어지는데, 이는 다양한 단백질의 상호작용을 억제하는 생고분자 물질이다. 여러 표적분자와 결합하는 특징을 이용해 각종 수치를 진단할 수 있다. 피부에 삽입된 칩은 스마트워치와 같은 웨어러블 스마트 기기를 통해 알 수 있다. 칩 내부에 안테나가 달려 있어 이를 이용해 스마트 기기와 데이터를 주고받는 동시에, 스마트 기기 등으로부터 무선주파수RF를 통한 전력을 공급받을 수 있다고 한다. 이 칩의 가장 큰 장점은 기존에 각종 진단을 위해 별도로 혈액을 채취하고 시간을 들여 분석해야 했던 번거로움을 줄일 수 있고, 원하는 때에 별도의 작업 없이 간편하게 진단수치를 알 수 있다는 편리함에 있다.

이러한 생체 정보 측정과 관련해서는 애플, 삼성 등도 출원을 하고 있다. 특히 애플의 스마트 의료 관련 특허들을 보면 일상생활에서의 개인 건강관리에 초점이 맞춰 있다. 심박수, 호흡, 혈압, 수면,

칼로리 등 신체 신호 측정과 관련한 특허 비중이 높다. 그리고 이러한 신체 신호 측정은 스마트폰 등을 통한 데이터 수집과 전송을 바탕으로 한다.

한편 구글은 시력과 관련된 특허도 출원하고 있다. 안구 내 기기 Intra-Ocular Device로 2014년에 출원된 특허다. 눈 안에 있는 자연 수정체를 제거하고 거기에 전자 수정체를 이식해 시력을 조절한다. 이 장치에는 조절 센서, 배터리, 데이터 저장 장치 등이 포함되어 있어, 전자 수정체가 받아들인 시각 정보는 외부에 연결된 기기가 읽고, 무선으로 전송하는 방식이다.

구글이 관심을 보이는 또 다른 분야는 파킨슨병과 관련이 있다. 구글이 출원하고 있는 특허 중에는 '파킨슨병 환자를 위한 스푼'도 있다. 파킨슨병 환자의 경우 근육 떨림으로 인한 장애 때문에 일상생활이 더 힘겨워진다. 손이 떨려서 혼자 식사하는 것조차 매우 힘에 부친다. 구글이 출원한 이 스푼의 경우 센서를 사용해 사용자의 움직임을 추적, 그에 맞게 손과 팔의 움직임을 조정할 수 있다.

사실 구글은 이 특허를 출원하기에 앞서 스마트 스푼 개발업체인 리프트랩스를 2014년에 인수했다. 리프트랩스는 2010년경 설립된 회사다. 리프트랩스라는 기업명으로 특허를 검색해보면 단 한 건의 특허도 발견되지 않는다. 그러나 설립자인 아누팜 파트학Anupam Pathak의 이름으로 찾아보면 한 건의 특허가 검색된다. 바로 '의도하지 않은 근육 움직임의 안정화Stabilizing Unintentional Muscle Movements'로 2013년 7월에 출원한 특허다. 해당 특허의 패밀리는 총 14건으로 일본, 한

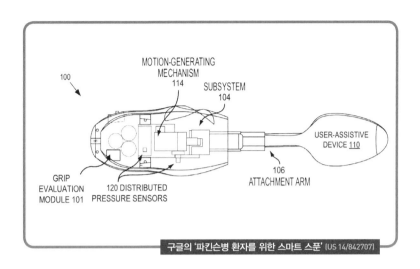

구글의 '파킨슨병 환자를 위한 스마트 스푼' (US 14/842707)

국, 중국, 호주, 캐나다 등에 출원되어 있다. 한국에는 2012년도에 비의도적인 근육운동을 안정화시키기 위한 시스템 및 방법으로 출원되었다.

구글은 왜 파킨슨병 환자를 위한 스푼을 선택했을까? 인간의 신체 조직 중 손 떨림을 제어하는 무언가를 만들어내기란 매우 어렵다. 이는 재활 연구 전문가라면 모두가 수긍하는 이야기다. 따라서 이러한 손 떨림을 제어할 수 있는 기술을 갖게 된다면 의료 분야에서 활용성이 매우 높다. 예를 들어 최첨단 수술용 로봇도 사람이 사용한다. 사람의 미세한 손 떨림으로 수술이 어려운 경우에도 이러한 기술이 뒷받침될 수 있다면 높은 성공률을 확보하게 될 것이다. 그리고 세계는 점차 고령화 사회로 진입하고 있기 때문에 이러한 기술은 고령자를 지원하기 위한 스마트 헬스 제품 등에도 적용될 가능성이 높을 것이다.

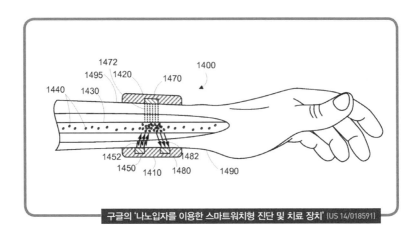

구글의 '나노입자를 이용한 스마트워치형 진단 및 치료 장치' (US 14/018591)

구글이 타깃으로 하는 시장은 과연 어디까지일까?

특허 중에는 '항암 스마트워치'와 관련된 것도 있다. 나노입자를 이용한 스마트워치형 진단 및 치료 장치에 관한 것으로, 간단히 말하면 신체 외부 에너지를 사용해 건강에 좋지 않은 영향을 미치는 혈액 표적에 선택적으로 결합, 이를 변경하거나 파괴함으로써 건강상 악영향을 줄이거나 제거하는 것과 관련된다.

스마트 알약:
프로테우스디지털헬스의 도전

—

이식형 장치와 관련해 흥미로운 시도를 하고 있는 기업을 소개할까 한다. 프로테우스디지털헬스Proteus Digital Health라는 기업인데 스마트헬스 및 의료와 관련해서 특허가 많은 편은 아니다. 그러나 출원한 특허를 보면 이 기업의 기술에 대한 독창성과 진보성을 느낄 수 있다. 프로테우스가 지금까지 출원한 특허는 총 269건에 달한다.

프로테우스는 스마트 의료에서도 독특하게 체내 섭취가 가능한 장치와 관련된 특허들을 다수 출원하고 있다. 단순히 '섭취'라는 단어를 포함하는 발명만 찾아보면 약 30건이 넘는다. 진단 및 치료 용도로 사용할 수 있는 전자회로를 포함하는 복용 가능한 장치 등에 관한 특허들이다.

그리고 체내에서 이식 가능한 의료기기와 정보를 교환할 수 있는 소형 통신기기에 관한 특허들도 출원되고 있다. 한마디로 스마트 알약이라고 할 수 있겠다.

특허(US 9149423) 내용은 이렇다. 만성질환자의 경우 매일 정해진 복용량을 지키는 것이 매우 중요하지만 실상 그러한 경우는 약 50퍼센트 정도에 불과하다. 그렇기에 프로테우스는 환자가 매일 잊지 않고 복용량을 지킬 수 있는 장치를 개발했다. 작동 원리를 보면, 알약에 전자장치가 내장되어 있고 이는 섭취가 가능하다. 생리학적 부위, 즉 입, 식도, 위, 소장, 대장 등과 접촉하면 체내의 블루투스가 활성화된다.

RFID^{Radio Frequency Identification}(극소형 칩에 정보를 저장하고 안테나를 달아 무선으로 데이터를 송신하는 장치)가 아니라 신체를 이용해 기기에 전기를 공급한다는 점이 큰 특징이다. 이후 복부에 부착된 패치와 만나면, 환자가 복용량을 섭취하지 않을 경우 패치에 전해진 정보를 스마트폰 애플리케이션으로 알려주는 형태다. 패치는 약의 복용 여부만 알려주는 것은 아닌 듯하다. 그 밖에 심박수 등 물리적인 활동도 측정할 수 있는 듯하다.

프로테우스가 스마트 알약에 얼마나 공을 들이고 있는 것일까? 물론 단순 계산으로 30건의 넘는 특허가 있다고 앞서 언급하긴 했지만 등록특허의 인용 관계로 다시 한 번 살펴보자.

등록특허 중 '섭취 가능한 마커 시스템'이라는 특허가 있다. 이 특허는 300개 이상 기업의 800건 이상 특허와 인용·피인용 관계에 있다. 기업 및 특허 수만 봐도 얼마나 이 기술 분야에 관심이 높은지 잘 알 수 있다. 우선 프로테우스도 이 특허와 인용·피인용 관계에 있는 특허들이 다수 있다. 이 특허가 인용한 자사 특허는 32건이 있으며, 이 특허를 인용한 자사의 피인용 특허는 총 62건에 해당한다. 그리고 이 특허들의 내용을 살펴보면 기존에 출원한 기술에 대한 계속 출원에 해당되는 경우가 대부분이다. 그만큼 프로테우스가 스마트 알약 개발에 집중하고 있음을 보여준다.

한편 프로테우스는 이 특허를 출원하는 데 있어 약 760건 이상 타 기업의 특허를 인용했다. 가장 많이 인용한 특허의 보유자는 애보트 당뇨병 케어Abbot Diabetes Care 사로 총 70건이 넘는다. 그다음으로 메드트로닉, 필립스, 올림푸스, 카디악의 특허를 다수 인용한 것으로 나타났다. 이들 5개 기업도 이러한 스마트 알약에 관심이 높은 기업들인 셈이다.

스마트 의료와 헬스. 새로운 기술의 등장은 분명 우리의 삶을 개선시킨다. IT기술과 바이오 기술 등이 만나면서 섭취 가능한 전자기기를 통해 체내 진단은 물론, 치료까지 가능해질 것임을 보여주고 있다. 그리고 지능을 더한 기기들의 개발이 질병에 대한 대응력을 훨씬 더 높이고 있다.

이처럼 스마트 의료와 헬스의 눈부신 발전에도 불구하고 인간은 여전히 변하지 않는 진리를 받아들일 수밖에 없다. 누구나 건강하길 원하고, 질병에 걸렸을 때 완치를 소망하지만 사실은 질병과의 인연을 완전히 끊을 수 없다는 것을……. 그렇기 때문에 역설적으로 건강과 질병은 개개인이 더욱 관리할 수 있어야 하고, 이를 보조할 이동이 용이하면서도 개개인에게 최적화된 헬스 케어 기술 개발이 나날이 촉진되어야 하는 게 아닐까?

■ 신의 의자를 넘보는 의료의 혁신, 크리스퍼 가위

우리는 지금 의료 혁신 시대에 살고 있다. 그러나 전문가가 아니라면 과연 누가 이에 대해 실제적으로 자각할 수 있을까? 유전자 가위가 바로 그렇다. 말 그대로 유전자DNA를 자를 수 있는 도구인데, 쉽게 말해 문제가 있는 유전자 부분을 정확히 절단해 질병을 치료한다는 것이다.

'3세대 유전자 가위'인 일명 크리스퍼 가위가 유독 논란의 중심에 서 있는 이유는 기술의 혁신성과 경제성에 있다. 일반적으로 유전자 가위는 DNA의 특정한 염기서열을 인식해 해당 부분을 절단한다. 인간의 DNA 길이는 32억 개가 넘기 때문에 가위가 인식할 수 있는 염기서열이 많을수록 구분할 수 있는 순서쌍이 늘어나, 정상 DNA를 잘못 절단할 위험이 줄어든다. 크리스퍼 가위는 1, 2세대 유전자 가위와 달리 많은 염기서열을 인식하기 때문에 매우 혁신적이다.

또한 크리스퍼 가위는 대부분의 연구실에서 쉽게 합성할 수 있어 기존에 수개월이나 걸렸던 기간을 하루 정도까지 획기적으로 줄였고, 비용도 수천 달러에서 30달러 정도까지 대폭 감소시켰기에 경제적으로도 매우 유망하다. 그렇기에 현재 국내외에서 크리스퍼 가위에 대한 연구가 많이 진행되고 있고, 이에 대한 특허출원도 활발하다. 지난 2012년 미국의 제니퍼 다우드나 교수 연구 팀이 최초로 크리스퍼 가위 기술 특허를 출원한 이후 2017년 9월까지, 약 1,600여 건의 출원이 이루어졌다. 전문가들이 크리스퍼 가위 기술이 막대한 수익을 가져올 것이라 예상하는 만큼 관련 출원도 계속해서 증가하는 추세다.

현재 MIT와 하버드대학교의 공동 연구소인 브로드 연구소가 가장 많은 출원을 보이고 있으며, 1세대 유전자 가위 기술을 독점하고 있는 상가모가 뒤를 잇고 있다. 이어 젠 병원, 리제네론, 카리부 바이오사이언스 등 미국의 병원 및 바이오 기업이 강세를 보인다.

그러나 이 크리스퍼 가위에 관한 특허는 현재 소송 중이다. 가장 출원 활동이 많은 브로드 연구소가 제니퍼 다우드나 교수 팀이 있는 버클리대학에 소송을 제기했다. 당시 브로드 연구소의 연구 팀이 크리스퍼 기술 특허를 보유하고 있었는데, 관련 기술의 특허를 먼저 출원한 것으로 인정된 다우드나 교수 팀이 브로드 연구소의 특허에 대해 저촉 심사요청 소송을 제기하면서 전쟁이 시작되었다. 즉 최초 출원이 누구인가를 다투는 셈이다.

막대한 특허료 수익과 명예가 걸려 있는 만큼 많은 관심이 집중되고 있는데, 현재 미국 특허청과 유럽 특허청이 서로 다른 결정을 해 장기화가 예고

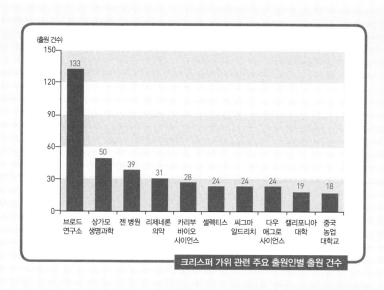

(출원 건수)

크리스퍼 가위 관련 주요 출원인별 출원 건수

된 상태다. 미국 특허청의 경우 양 특허를 서로 다른 기술의 특허로 판단

해 모두 특허권을 인정한다고 판정했지만, 유럽 특허청의 경우 다우드나 교

수 팀의 특허를 폭넓게 승인해 버클리대학의 손을 들어주었다. 양측 모두 결

정에 항소한 상태이며, 이에 따라 특허 전쟁은 더욱 치열해질 전망이다.

우리나라의 경우 미국, 중국 등에 비하면 아직 크리스퍼 가위에 대한 연구는 미

비한 수준이다. 특허출원 현황으로 볼 때 약 36건 정도가 출원되었는데, 주로

대학 내 연구 팀과 연구원에서 연구가 진행되고 있으며, 국내 기업으로는 툴젠

과 엠젠플러스의 출원이 나타난 상태다.

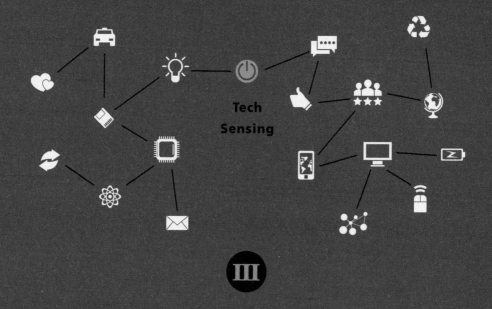

Tech

Sensing

Ⅲ

미래 친환경 자동차

전기 자동차에서 자율주행 자동차까지

**Tech
Sensing**

자동차는 막대한 투자와 연구 개발이 요구되는 분야이기 때문에 신규 업체의 진입이 매우 어려운 대표적인 하이테크 산업이다. 현재 전 세계를 통틀어 20여 개 남짓한 기업들이 자동차를 생산, 판매하고 있다.

최근 자동차 산업은 이제 막 활성화되기 시작한 전기 자동차 등의 친환경 자동차와 자율주행 자동차 시장을 누가 선점할 것인가에 대한 논의로 시끌벅적하다. 사실 전기 자동차의 경우 미국 테슬라가 시장을 선도하면서 다른 자동차 업체들이 뒤쫓아 가는 형국이다. 전기 자동차의 심장격인 배터리 업체와의 전략적 제휴를 통해 어떻게든 시장의 판도를 바꿔보려는 모습이다.

자율주행 자동차는 어떤가? 이미 구글과 애플 등이 자율주행 자동차의 시운전을 추진하면서 주도권 쟁탈전에 나섰다. 과연 우리는 앞으로 일명 구글카나 애플카 등으로 불리는 자율주행 자동차를 타고

다니게 될까? 확언할 수는 없지만 이 같은 경쟁으로 미래 자동차 시장에 큰 변화의 바람이 불어올 것임은 분명하다.

돌이켜보면 알아서 길을 척척 안내해주는 내비게이션이 보급되면서 자동차 내부 어딘가에 꽂혀 있던 지도책들이 하나둘씩 사라져버렸다. 그것도 아주 짧은 시간에 말이다. 게다가 그 짧은 시간에 위치 정보 인식 기술은 놀라운 속도로 발전을 거듭해 우리로 하여금 오직 내비게이션만 믿고 달리게 만들었다. 만약 지금 누군가의 차에서 지도책이 발견된다면 "아니, 이게 얼마 만이야?"라는 말을 내뱉게 될지도 모른다.

자동차에 불어닥친 변화와 혁신의 바람은 비단 내비게이션 하나만이 아니다. 우리는 이제 자동차 자체가 휴대전화기처럼 디바이스가 되기를 꿈꾸고 있다. 통신 기술은 물론 IoT와 인공지능 등의 기술이 더해졌기에 가능한 일이다. 차량과 차량이 연결되고, 교통 시스템과도 연계되어 이제 굳이 운전자가 직접 운전하지 않아도 원하는 곳에 갈 수 있게 된 것이다.

스마트 홈에서 소개한 말하는 냉장고는 특허가 출원된 지 20년도 채 안 된 지금 우리 실생활에서 바로 접할 수 있게 되었다. 따라서 자율주행 자동차도 아주 먼 미래의 이야기만은 아닐 것이다. 현재까지 미국에 출원된 자율주행 관련 특허만 해도 거의 1만 건에 달한다. 그중 많은 특허들은 공개되어 있기 때문에 연구자라면 누구나 그 기술의 원리를 파악할 수 있다. 그리고 연구자들은 공개된 특허들로부터 새로운 아이디어를 얻을 것이며, 더욱 진보된 기술을 개발해 새로운 특허로 출원할 것이다.

20년 뒤 우리는 과연 어떤 교통 체계와 생활 속에 살고 있을까? 지금까지 출원된 특허들을 통해 한번 살펴보자. 먼저 현재 자동차 시장을 이끌고 있는 기업들의 특허출원이 어떤 흐름에 놓여 있는지 들여다보자.

세계를 누비는
글로벌 10대 자동차의 특허들

—

글로벌 10대 자동차 기업인 도요타, 혼다, 포드, 현대자동차, BMW, 폭스바겐, 닛산, 다임러, GM, 르노의 세계 시장 점유율은 무려 66퍼센트에 달한다. 이 10대 자동차 기업의 특허출원 현황을 보면 향후 이들의 비즈니스 방향을 조금은 파악해볼 수 있을 것이다.

2011년부터 2016년까지 지난 6년간 '글로벌 10대 자동차 기업이 미국에 등록한 특허 수'는 32,124건으로 연평균 10퍼센트가량 증가했다. 이 중 혼다, BMW, 다임러의 등록특허는 감소한 반면 포드, 현대자동차의 등록특허는 크게 증가한 것으로 나타났다.

글로벌 10대 자동차 기업이 보유하고 있는 등록특허의 주요 기술 분야는 연료전지(H01M), 하이브리드카(B60W), 전기 자동차(B60L) 등 친환경 자동차 기술과 자율주행(G06F) 관련 기술들이다.

글로벌 시장 점유율 1위인 도요타가 등록한 특허의 주요 기술 분

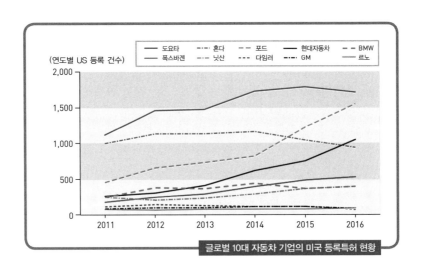

글로벌 10대 자동차 기업의 미국 등록특허 현황

야는 배터리, 연료전지, 자율주행, 하이브리드카, 전기 자동차 관련 기술이다. 이 외에 배기장치 소음, 편의를 위한 차량 부품(수납 및 트렁크) 등 사용자 편의를 위한 기술들이 포함된다.

10대 자동차 기업 중 연료전지 관련 특허를 많이 보유한 기업은 도요타, 혼다, 닛산, 현대자동차, 포드 등이다. 전기 자동차 관련 특허의 경우에는 도요타와 포드가, 자율주행 관련 특허의 경우에는 도요타, 혼다, 폭스바겐이 특허가 많은 편이다.

수소 연료전지 자동차
vs 전기 자동차, 그 승자는?

이처럼 10대 자동차 기업의 등록특허 중 가장 많은 비중을 차지하는 분야가 바로 연료전지인 것은 이들이 그동안 수소 연료전지 자동차(이하 연료전지차)의 상용화에 무게를 두고 기술 개발을 해온 결과다. 연료전지차는 수소를 연료로 사용하는데, 물 이외에 다른 배기가스가 나오지 않아 친환경 자동차로 불린다.

실상은 연료전지차도 전기 자동차의 한 종류다. 전기 자동차는 보통 배터리 방식과 비배터리 방식으로 나뉜다. 1990년대 초반에 도요타와 현대자동차 등 몇몇 자동차 업체들은, 배터리 발전이 더디게 진행된다는 점을 고려해 비배터리 방식인 연료전지를 타깃으로 삼은 듯하다. 연료전지는 '전지'라는 명칭 때문에 배터리라고 생각되지만 엄연히 가솔린자동차의 '내연기관'에 해당한다. 그 뒤 이러한 연구는 지금까지도 계속되고 있다.

일본의 대표적 완성차 업체인 도요타의 경우 연료전지와 관련해 1990년에 처음 자국에 특허를 출원한 뒤 지금까지 약 6,400여 건에 달하는 특허를 출원했다. 특히 2000년대로 들어서면서 출원은 폭발적으로 증가했다. 국내 기업인 현대자동차의 전체 출원 건수는 도요타에 훨씬 못 미치는 약 1,300여 건이지만, 첫 번째 출원은 오히려 더 빠른 1980년대 후반이었다.

그러나 아쉽게도 배터리 방식의 전기 자동차가 본격적으로 양산되고 있다. 2010년 테슬라가 전기 자동차를 판매하기 시작하면서 대세로 떠오른 것이다. 그렇다면 연료전지차는 여전히 양산이 어려울 만큼 연구 개발이 더 필요한 것일까? 그렇지 않다. 연료전지차의 상용화에 가장 큰 걸림돌은 연료가 되는 수소가 워낙 비싸 가격 경쟁력이 떨어진다는 점이다. 수소의 연료비는 가솔린 연료비의 약 250배 정도에 달하는 실정이다.

그러면 전기 자동차의 양산으로 연료전지와 관련된 출원이 다소 감소하지는 않았을까? 예상과 달리 연료전지 분야의 특허출원은 지속적인 흐름을 유지하고 있다. 현대자동차의 경우 2010년 이후 오히려 출원이 계속 증가하는 양상이다. 이는 일본도 비슷하다. 가장 출원이 많았던 2008년 이래 다소 감소했지만, 테슬라의 전기 자동차가 화제가 된 2010년 이후에도 연료전지 분야에서 꾸준한 출원을 이어가고 있다. 중장기적인 관점에서 현대자동차와 도요타는 연료전지차 시장이 열릴 가능성을 높게 평가하고 있는 것은 아닐까.

세계를 선도하는 테슬라의 특허들

—

향후 몇 년 동안 전기 자동차 시장은 급속한 성장세를 보일 것으로 예상된다. 많은 자동차 기업들을 전기 자동차 시장으로 눈을 돌리게 한 테슬라가 지금까지 미국에 출원한 특허는 약 440건 정도로 파악된다. 테슬라의 본격적인 출원 활동은 2000년대 후반부터였으며, 2012년에는 약 100건의 특허를 출원하면서 정점을 찍은 바 있다.

주요 출원 분야로는 화학에너지를 전기에너지로 직접 변환하기 위한 방법, 즉 배터리가 가장 많았다. 전체 출원 가운데 약 23퍼센트를 차지한다. 배터리는 배터리를 논하지 않고는 전기 자동차를 말할 수 없을 정도로 가장 중요한 부품이다. 그다음 출원이 많은 기술들도 대부분 배터리와 관련되어 있다. 전기에너지를 축적하기 위한 방식, 즉 배터리의 빠른 충전과 관련한 특허(14퍼센트), 전기 추진 차량의 추진 등과 관련한 특허(5퍼센트) 등이 이에 해당한다.

최근 배터리와 관련해 공개된 테슬라의 특허를 살펴보자. 이 특허는 '차량의 배터리팩 교체 시스템 및 방법'에 관한 것이다. 전기 자동

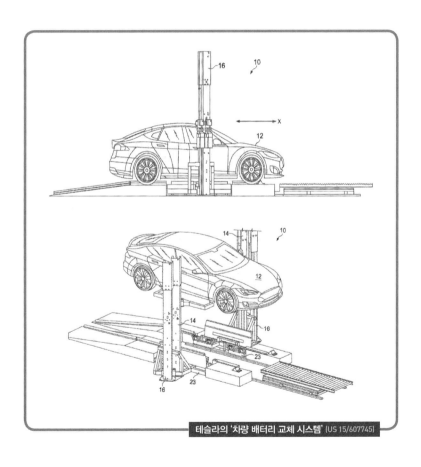

테슬라의 '차량 배터리 교체 시스템' (US 15/607745)

차의 경우 배터리 용량에 따라 주행할 수 있는데, 현재 테슬라의 주력 전기 자동차 모델의 경우 방전된 배터리를 완충하는 데 약 한두 시간 정도가 소요된다고 한다. 만약 배터리 용량을 넘어서는 장거리 주행을 해야 하는 경우, 반드시 배터리 충전이 필요한 전기 자동차에 있어 긴 충전 시간은 큰 단점이 될 수 있다.

이에 테슬라는 배터리 방전 시, 충전하는 방식 대신 완충된 배터리로 빠르게 교체하는 기술을 연구했다. 이번에 공개된 배터리 교체 시스템 및 방식은 그 연구 결과로, 해당 시스템이 설치된 모든 지점에서 15분 내로 배터리를 교체할 수 있다고 한다.

명세서에 따르면, 자동화된 시스템을 통해 자동차를 들어올리면 각 지점에 배치된 기술자가 차량 하부의 배터리를 교체할 수 있게 설계되었고, 방전된 배터리와 충전된 배터리의 이동을 자동화함으로써 보다 빠르게 교환을 끝내는 것이 기술의 핵심이다.

한편 테슬라의 출원 특허들을 살펴보면 도요타, 포드, 닛산 등 완성차 업체의 특허들을 인용해 출원한 특허들이 눈에 띄었다. 총 178건으로 주로 범퍼, 도어 등 전통적인 자동차 기술에 대해 개량된 기술들을 출원하고 있었다. 그리고 많지는 않지만 일본 도요타와 공동 출원한 특허들도 존재했다. 전기 자동차 배터리, 충전 등과 관련한 특허가 아니라 장애물 충돌로부터 차량 에너지의 소실 구조, 차량의 앰팩트 보호 구조 등과 관련한 것들이다. 배터리 외의 부문, 그러니까 테슬라는 완성차 업체로서 경쟁력을 갖추기 위한 전략으로 도요타와의 공동 연구를 추진한 것이 아닐까 싶다.

테슬라는 미국뿐만 아니라 일본, 중국, 캐나다, 호주 등 여러 국가에 특허패밀리를 형성하고 있다. 일본에 가장 많은 66건의 특허를 출원했고, 그다음으로 중국(56건), 독일(29건), 한국(12건), 캐나다(9건) 등의 순으로 나타났다. 독일과 한국보다는 중국 출원에 적극적인 점은 주목할 만하다. 그도 그럴 것이, 중국 정부가 최근 대기 질 문제 등의 해결책으로 친환경 자동차를 적극 권장하고 있으며, 실질적으로 엄청난 지원책을 내세우며 전기 자동차 보급에 힘쓰고 있기 때문이다.

떠오르는 강자, 중국의
전기 자동차 Top 5의 활동은?
—

그렇다면 중국 전기 자동차 업체의 특허출원 현황은 어떨까? 전기 자동차 매출을 이끌고 있는 5대 기업(비야디, 베이징자동차그룹, 중타이, 체리, 즈더우)의 최근 10년간 특허출원 활동을 살펴보았다. 이들 기업이 중국에 출원한 특허는 약 1만 1,000건가량이다. 이 중 비야디와 체리에 의한 출원이 87퍼센트에 이른다. 특히 비야디는 전 세계 신재생에너지자동차(전기 자동차 및 하이브리드) 판매 1위를 기록하는 기업이다.

최근 10년간 미국 출원에서도 비야디의 특허출원은 눈에 띈다. 지금까지 총 658건의 특허를 출원했다. 그러나 나머지 기업들의 경우 미국 출원에는 그렇게 적극적이지 않다. 체리가 16건의 출원 활동을 보였을 뿐 그 외 기업은 출원 활동이 없다고 나타났다.

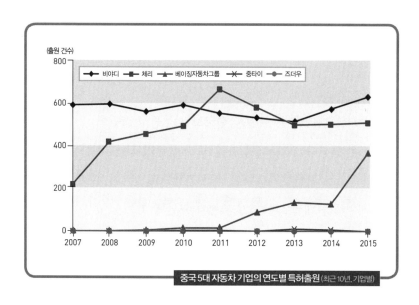

중국 5대 자동차 기업의 연도별 특허출원 (최근 10년, 기업별)

출원 기술 분야는 매우 다양했지만 전통적인 자동차 부품과 관련한 특허출원 비중이 높았다. 전체 출원의 약 36퍼센트가 이에 해당한다. 특히 체리가 압도적으로 가장 많은 출원 활동을 보였다. 반면 화학에너지를 전기에너지로 직접 변화하기 위한 방법, 즉 배터리와 관련한 특허는 전체 출원의 8퍼센트 정도로 나타났다. 대부분 비야드(약 67퍼센트)에 의한 출원이다.

전기 자동차를 이끄는
리튬이온 배터리의 힘

전기 자동차 보급이 점점 확대되면서 전기 자동차용 리튬이온 이차

전지 경쟁도 가속화되고 있다. 앞서 분석한 글로벌 10대 자동차 기업의 특허를 인용하고 있는 피인용 기업 중 파나소닉, LG화학, 삼성SDI 등이 라튬이온전지 선두업체들로 보인다.

리튬이온과 관련해 국내에 출원된 특허는 약 2,300여 건가량이다. 1990년 초반부터 소수의 리튬이온과 관련한 특허가 출원되었다. 본격적인 출원은 2000년대에 들어서면서부터이지만 최근 3년간(2013년~2015년) 평균 출원 건수는 250건이 넘는다.

가장 많이 출원하고 있는 기업은 LG화학으로 전체 출원의 42퍼센트를 차지한다. 그다음이 삼성SDI, 파나소닉, 삼성전자, 현대자동차, SKC 등의 순이다. 파나소닉 외에도 일본 기업의 출원이 눈에 띈다. 후루카와덴키, 미쓰비시덴키, UACJ 등이다.

상위 출원인을 보면 배터리 시장의 경쟁 구도를 어느 정도 반영하고 있음을 알 수 있다. 국내 3위 출원인인 파나소닉은 전기 자동차 시장 선두인 테슬라에 배터리를 공급하는 업체다. 현재 시장 점유율 1위이기도 하다. 파나소닉은 자국인 일본에서도 제2위 출원인에 해당하며, 미국(168건), 중국(160건), 한국(111건) 등에도 특허출원 중이다. 일본 내 출원 1위는 도요타다.

국내 출원인 1위인 LG화학의 경우 볼트, GM, 포드, 크라이슬러 등 미국 기업에 배터리를 공급하고 있음은 물론 아우디, 다임러, 르노 등 유럽 업체와도 공급 계약을 맺으면서 파나소닉을 바짝 뒤쫓아 업계 2위로 우뚝 섰다. 게다가 삼성SDI도 BMW, 크라이슬러 등에게 공급하면서 배터리 시장에서 한국 기업의 시장 점유율이 점차 확대되었다.

미래 자동차의 생명선,
무선충전 기술

—

전기 자동차와 연료전지 자동차의 상용화에 있어서 빼놓을 수 없는 중요한 부분이 바로 무선충전 기술이다. 도요타의 특허를 인용하고 있는 기업 중 와이트리시티는 진동 자기장에 기반을 둔 공진 에너지를 사용하는 무선 에너지 전달 장치를 제조하는 미국 엔지니어링 회사로, 도요타가 2011년 투자를 발표한 바 있다.

이 회사는 무선 에너지 전송과 관련해 2008년부터 특허를 출원하기 시작해 현재 181건의 특허를 출원했으며, 모두 89건의 등록특허를 보유하고 있다. 이 중 42건의 특허가 도요타의 특허를 인용해 출원했는데, 2011년 '차량에 응용할 수 있는 무선 에너지 전송 시스템 특허'를 처음 출원 (US 8946938)한 이후 현재까지 차량용 무선충전 기술을

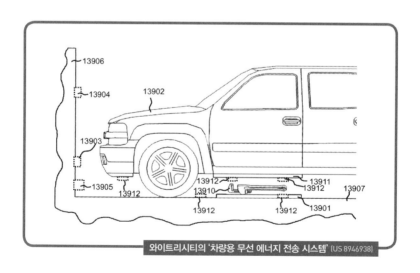

와이트리시티의 '차량용 무선 에너지 전송 시스템' (US 8946938)

계속 개발해왔다.

통신기업인 퀄컴도 '무선충전 기술과 관련된 특허'를 출원하고 있었다. 10대 글로벌 자동차 기업의 특허를 인용한 기업 중 하나다. 퀄컴은 자동차 기업의 특허를 인용해 총 161건의 특허를 출원했는데, 이 중 60퍼센트가량이 무선충전과 관련 있는 기술이다.

퀄컴의 무선충전 기술은 무선충전 패드를 도로에 매장하고 전력 수신기가 부착된 차량이 도로를 주행하는 중에도 충전할 수 있는 기술로, 일명 '헤일로HALO'다. 퀄컴의 무선충전 기술을 인용한 응용특허를 와이트리시티에서 출원하고 있음을 확인했다.

국내의 경우는 전기 자동차 무선충전 기술 개발이 시급하다는 목소리가 나오고 있다. 현재 차량의 무선충전과 관련해 출원된 특허는 약 50여 건 정도에 불과하다. 현대자동차의 특허출원이 가장 많지만 10건 정도에 불과하다. 그다음으로 퀄컴, 한국과학기술원이 출원하고

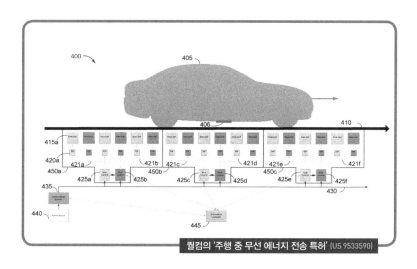

퀄컴의 '주행 중 무선 에너지 전송 특허' (US 9533590)

있는 정도다.

국내 중소기업 중에서는 AWPS가 멀티패드 방식 무선충전기를 개발(KR 10-1420366, 김현민 대표이사 명의 출원)해 상용화에 나서고 있다. 특허에 따르면 본 발명은 일체형으로 이루어진 전기 자동차용 무선 충전 설비로, 공영 주차장 등에 설치할 수 있다. 주차장 바닥에 부착된 복수의 무선 전력 수신 패드를 통해 주차된 전기 자동차에 무선으로 전력을 공급하는 방식이다.

피인용 기업으로 본
자율주행의 미래
—

10대 자동차 기업의 특허를 인용하고 있는 전체 6,000여 개의 피인용 기업에는 앞서 언급한 퀄컴 이외에도 구글, 삼성, LG, IBM, 마이크로소프트, 인텔, 아마존 등 ICT 기업으로 잘 알려진 기업들이 포함되어 있다.

특히 구글은 자동차 기업의 특허를 많이 인용한 상위 피인용 기업 10위 안에 올라 있다. 구글의 자동차 관련 특허는 차량의 고장 진단 (US 8874305)이나 차량 내부의 온도 컨트롤과 같은 차량제어 기술도 포함하지만, 전체 피인용 특허의 90퍼센트 이상이 운전자의 운전 패턴, 교통 트래픽 패턴 파악, 맵에 따른 자동차 운전 제어, 차선 및 장애물 인식을 위한 이미징 기술, 초분광 센서의 광학적 반사 특징을 이용해 차량 장애물 접근을 감지하는 것과 같은, '자율주행 관련 특허'들이다.

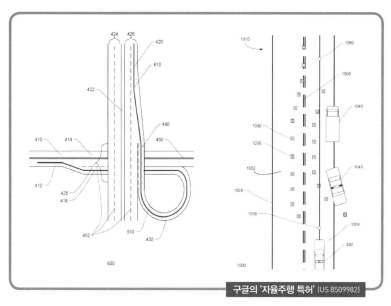

구글의 '자율주행 특허' (US 8509982)

구글의 '자율주행 특허' (US 9081385)

구글의 최근 자율주행 관련 특허를 보면 도로, 차선, 교차로 등 특정 구역 내의 맵 정보에 따라 경로를 식별, 합류 지점과 공사 구역 또는 다른 장애물처럼 운행이 쉽지 않은 위치를 포함해, 자율주행 운행에 있어 불완전한 위치들을 미리 운전자들에게 알려주는 기술을 포함한다.

이뿐만이 아니다. 실시간으로 응급차량을 감지하는 특허도 출원했다. 차량에 설치한 소프트웨어가 광원을 스캔하고 분석해 차에서 나오는 빛의 패턴을 통해 차량 종류를 식별한다. 경찰차, 구급차 등이 그 대상이다.

애플도 유사한 특허를 출원하고 있다. 응급차량을 인식하고 이들

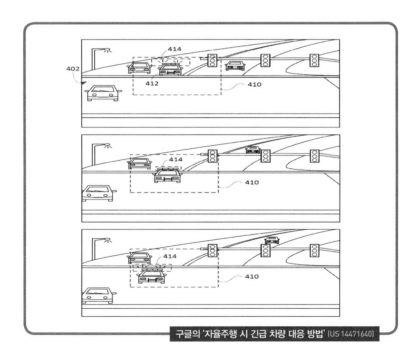

구글의 '자율주행 시 긴급 차량 대응 방법' (US 14471640)

에게 양보할 수 있도록 알림을 주는 것이다. 차량 모서리 등에 송신기들이 달려 있어 주변 차량 정보, 위치 정보, 상태 정보 등을 주고받을 수 있다. 그리고 주행 중인 도로의 교통 정보를 종합적으로 판단해 긴급차량에 대한 알림을 주는 방식이다.

한편 아마존도 자율주행에 관심이 많은 듯하다. 2017년 1월에 '자율주행차를 위한 차선 배정Lane Assignments for Autonomous Vehicles'이라는 특허를 출원했다. 이 특허도 보면 컴퓨팅 환경이 가장 핵심적인 역할을 한다. 도로관리 시스템과 차량 네트워크 데이터 스토어 간의 네트워크를 통해, 최적의 차선을 찾아 주행할 수 있도록 돕는다.

사실 아마존은 자율주행보다 드론 관련 특허출원으로 유명하다. 드론 배송을 꿈꾸고 있기 때문이다. 이와 관련한 발명 아이디어도 매

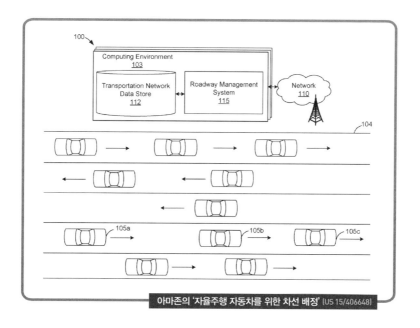

아마존의 '자율주행 자동차를 위한 차선 배정' [US 15/406648]

우 독특하다. 드론이 지닌 문제점 중 하나는 배터리의 한계로 오랜 시간 공중에 머무를 수 없다는 점인데, 이에 대한 해결 방법을 다음과 같이 제시하고 있다. 다름 아닌 거대한 비행 물류창고를 운영하는 방법이다.

특허에 따르면 비행선을 이용해 상공에서 수요가 많은 물품들의 창고를 운영한다. 드론으로 물품을 이동하기보다는 낙하하는 방식으로 물품을 배송하는 것이다. 낙하를 통해 드론이 이동하는 거리를 줄여, 배터리 문제와 함께 기상 악화 시 이동의 불안정함을 감소시킨다는 것이다. 과연 아마존의 특징을 잘 보여주는 특허라 하지 않을 수 없다.

지상에 기반을 두는 드론 관련 특허도 있다. 2017년 3월에 출원한 특허로, 배터리 충전 및 유지 보수를 위해 기차, 차량, 배를 이용해 움직이는 드론 기지국을 활용한다는 것이다. 기차 등에 실린 드론 기지로

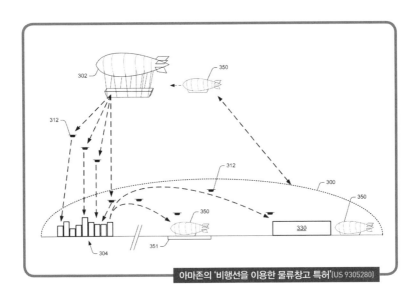

아마존의 '비행선을 이용한 물류창고 특허'(US 9305280)

가서 점검을 받거나 부품을 교체하거나 충전한다는 기발한 콘셉트다.

이 특허에 앞서 아마존은 2015년에 물류 배송 타워라는 콘셉트를 내놓는다. 이 타워는 벌집 형태인데, 층마다 뚫린 구멍을 통해 드론이 드나든다. 그리고 타워 안에서는 물품 이동 로봇, 드론 운반 로봇 등이 업무를 수행하는 구조다. 여기에는 기존 배송 형태인 화물 배송도 있다. 지상 운반에 있어서 자율주행을 염두에 둔 것으로 보인다. 아무래도 무거운 물건 배송에는 드론보다는 기존의 차량 배송 형태

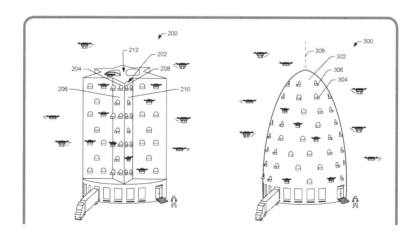

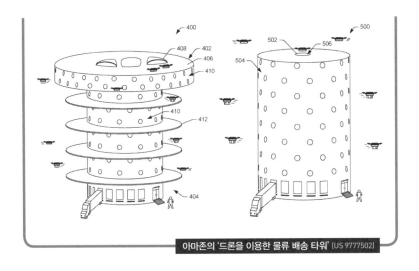

아마존의 '드론을 이용한 물류 배송 타워' (US 9777502)

가 훨씬 수월할 테니 말이다. 향후 드론과 자율주행 모두를 활용한 배송 시스템을 구축할 아마존을 기대해본다.

IBM 역시 주행 중 사물이나 장애물 등을 파악할 수 있는 이미징 관련 특허, 실시간 교통량 파악, 비정상적인 운행 감지, 도로에서 자율주행 중인 차량을 관리하는 기술 등 자율주행과 관련된 여러 기술을 확보하고 있다. 인텔 역시 10대 자동차 기업의 특허를 인용해 출원한 특허가 56건이며, 2016년에는 자율주행 기술 개발에 3,000억 원을 투자하겠다고 발표한 바 있다.

다음 그림은 IBM의 '도로망에서 자율주행 중인 차량을 관리하는 기술과 관련된 특허'다. IBM의 차량 관리 시스템은 단순히 차량 한 대에서 주위의 환경을 인식하며 주행하는 것이 아니라, 차량 내 통신 시스템이 각 도로상의 중앙 컴퓨터 네트워크에 연결되어 도로 위 차량들의 전체 흐름을 제어하는 방식이다. 그리고 이러한 통신은 중앙 컴퓨터뿐만 아니라 주위 차량 간 통신에도 사용될 수 있다.

특허 내용에 따르면 각 차량은 GPS, 블루투스, 와이파이, 지그비, 셀룰러 등 여러 무선통신 규격을 이용해 차의 종류, 현재 위치, 주행 속도, 최대 속도, 목적지, 바람의 저항 등 다양한 정보를 중앙 컴퓨터나 주위 차량과 실시간으로 주고받는다. 중앙 컴퓨터는 데이터를 토대로 도로 위의 차량 수, 도로 위에서 벌어지는 사고 여부, 주행 가능 여부 등을 파악해 다시 각 차량에 이에 대한 정보를 전달한다. 이를 바탕으로 각 차량은 최적의 주행 경로를 파악할 수 있어, 보다 원활한 주행이 가능해진다.

단순히 자율주행 차량의 원활한 주행을 돕는 것뿐만 아니라 각 신호 정보와 위치 정보를 이용, 주행 불가 지역이나 법 위반 상황에 있는 차량을 실시간으로 파악해, 벌금이나 과태료를 부과할 수도 있다.

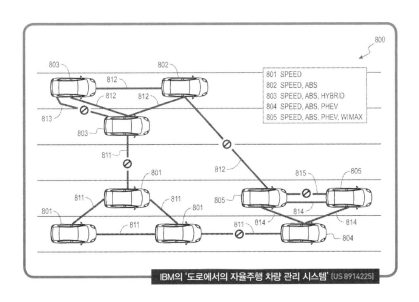

IBM의 '도로에서의 자율주행 차량 관리 시스템' (US 8914225)

그리고 유료도로의 경우 전체 도로 위의 차량 수를 파악해 원활한 주행이 가능하도록 일정량 이상의 차량 진입을 배제하는 일도 얼마든지 가능하다.

세계 최강자, 미국의
자율주행 특허들

—

전기 자동차를 이야기하면서 자율주행을 논하지 않을 수는 없다. 이 둘은 기존의 내연기관 자동차보다 궁합이 더 잘 맞기 때문이다. 전기 자동차의 엔진은 기존 내연기관보다 메커니즘이 비교적 덜 복잡하고 부피를 적게 차지해, 통신 등 다양한 기술을 차량 내에 배치하기가 용이하다. 그래서 더더욱 전기 자동차의 자율주행 보급이 가까운 미래에 일어날 일로 자주 소개되곤 한다. 오히려 문제는 기술 과제보다 제도 장치 마련에 있는 듯하다.

현재 미국에 자율주행과 관련해 출원된 특허는 약 9,500여 건에 달한다. 2000년 중반 이후 지속적인 증가세를 유지하며 2015년에만 1,300건에 육박하는 특허가 출원되었다. 앞으로도 자율주행과 관련한 특허출원은 지속적으로 증가할 것으로 보인다.

근래 구글이나 애플 등 IT업체들에 의한 자율주행 테스트 소식이 언론에 자주 보도되고 있어 특허출원에서도 이들 기업이 상위를 차지할 거라는 생각이 든다. 그러나 아직까지는 완성차 업체들에 의한

출원 건수가 더 많다. 포드, 도요타, GM이 상위 3위 출원인에 해당
한다. 구글은 10위 출원인으로 나타났다.

완성차 업체의 출원인들 사이에서 자동차 부품 업체의 존재감도

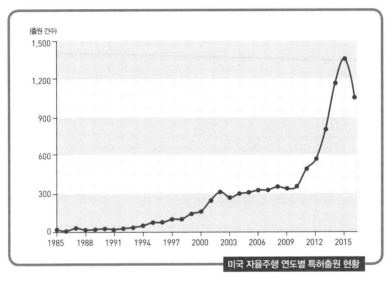

미국 자율주행 연도별 특허출원 현황

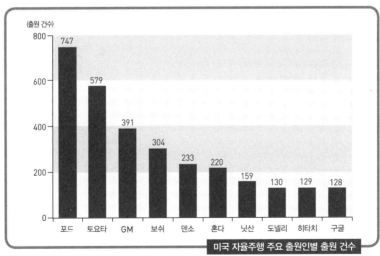

미국 자율주행 주요 출원인별 출원 건수

커 보인다. 보쉬Bosch, 덴소Denso, 콘티넨탈Continental 등도 상위 출원인에 속한다. 특히 보쉬는 모든 출원인 가운데 네 번째로 많은 특허를 출원하고 있는 기업이다. 이들 4개 부품 업체가 자율주행에서 가장 많이 출원하는 기술 분야는 차간거리 제어, 크루즈 컨트롤 등 차량제어와 관련이 높다. 예를 들면 차량의 의도하지 않은 움직임에 대한 조정, 차량 속도 조절, 충돌 예방장치 등이다. 그 밖에 위치 데이터, 모니터링, 차량 속도 및 포지션 결정 등에 필요한 디지털 데이터 처리와 관련된 특허도 다수 존재했다.

자율주행 기술의 선두를 꿈꾸는 자동차 기업들
━

1 보쉬
:

보쉬는 독일의 자동차 부품 회사지만 그 밖에 가전제품, 라디오, 텔레비전, 전기 공구, 포장 기계 등 산업 기술과 소비재 및 빌딩 기술 분야까지도 모두 아우르는 등 사업 영역이 광범위하다. 미국에 출원한 특허만 해도 약 2만 5,000건 이상이며 한국에도 약 7,600건 이상의 특허를 출원하고 있다.

최근 출원에서는 주차와 관련된 특허들이 눈에 띈다. 차량과 주차

장을 작동시키기 위한 방법, 주차 설비 내에 자동차의 자율주행을 모니터링하기 위한 방법, 대리주차^{Valet Parking} 방법 및 시스템 등에 관한 특허들이다. 이 중 자동주차 관련 특허를 한번 살펴보자.

보쉬가 출원한 자동주차 시스템은 사람 없이 자동으로 주차 및 픽업을 할 수 있는 시스템이다. 단순히 센서로 빈 주차 공간을 확인해 차량을 이동시키는 것이 아니라 차량의 크기, 높이, 현재 방향, 조향각, 속도 등 다양한 정보를 이용해 효율적이고 안정적으로 자동주차를 가능하게 하는 것이 보쉬의 기술이다.

구체적으로 보면 다양한 정보 획득을 위해 2D 및 3D카메라와 다양한 센서가 사용되는데, 차량의 크기와 함께 높이까지 측정해, 차체가 높은 차량이라도 주차 공간의 센서가 가려지는 일이 최소화 되도록 한다. 또한 크기와 높이 정보를 이용해 각 차량에 맞는 주차 공간 배정이 가능하므로 주차 효율성도 증대시킬 수 있다.

이 밖에도 중앙제어 시스템을 이용해 차량의 이동 경로 및 궤적 정보를 주고받을 수 있다. 빈 주차 공간까지의 이동 경로와 함께 각 차량의 이동 속도 및 조향각 등의 정보를 이용해, 동시에 2대 이상의 차량이 동일 경로상에서 움직이게 되더라도 서로 부딪치는 일 없이 안정적인 주차 및 픽업이 가능하다고 한다.

2 덴소
：

덴소는 도요타에 자동차 부품을 제공하는 최대 업체다. 보통 일반인들에게는 완성차 업체 위주로 소개되다 보니 다소 생소할 수 있겠지만, 자동차 부품 업계에서는 기술력이 매우 높은 기업으로 정평 나 있다.

덴소의 기술력이 얼마나 높은가는 특허출원만 보더라도 어느 정도 가늠해볼 수 있다. 미국에만 지금까지 총 1만 7,000건이 넘는 특허를 출원했고, 자국인 일본에서 최근 5년 동안 미국 전체 출원 수에 맞먹는 1만 6,000건을 출원하고 있다.

최근에는 자율주행과 관련해서 다양한 출원 활동을 보인다. 자동 운전 시스템, 차량제어 장치, 충돌 검출 시스템 및 충돌 방지 시스템, 운전 보조 장치, 차량 데이터 통신 시스템 등이다. 다음은 2014년에 출원된, 인식되지 않은 물체의 인식을 개선하기 위한 지원 장치다.

자율주행 시 가장 중요한 점은 오브젝트에 대한 정확한 인식, 그중에서도 보행자 인식이다. 일반적으로 자율주행 차량은 레이저, 레이더, 카메라 등을 이용해 전방의 보행자 및 물체를 인식한 다음 종류별로 강조해 디스플레이상에서 나타낸다.

그러나 만약 보행자가 커다란 가방을 들었거나 두 보행자가 카메라에 겹쳐 있는 상황이라면 시스템상에서 뒤에 있는 보행자를 인식하기는 어렵다. 즉, 두 보행자 중 앞의 보행자만 차량의 인식시스템에 의해 강조되어 디스플레이에 나타난다면, 차량과 운전자 모두 앞 보행자에 겹쳐서 인식되지 않은 뒤 보행자를 보지 못하는 위험한 상황으로 이어질 수 있다.

덴소의 등록특허 기술은 이 같은 위험 상황을 막기 위해, 디스플레

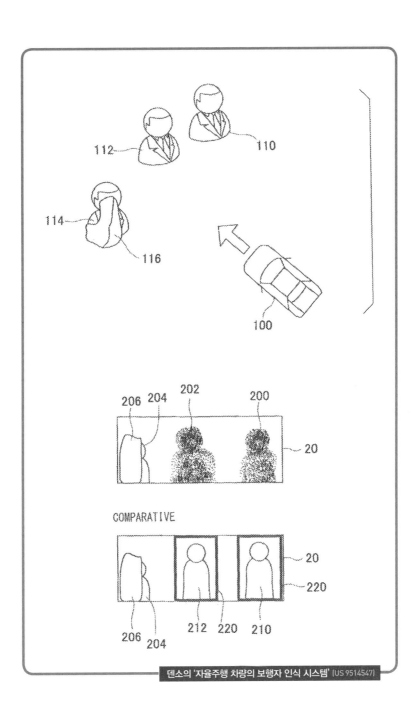

이상에서 인식된 보행자의 시인성을 감소하도록 이미지를 처리한다. 즉 시스템상에서 보행자로 인식되는 경우, 해당 보행자 화면을 흐리게 하거나 색의 톤을 감소시키는 등의 방식을 통해 운전자가 시스템상 인식된 보행자로 시선이 분산되는 것을 방지한다. 따라서 운전자는 이미 시스템으로 인식된 보행자가 아닌 인식되지 않은 보행자를 직접 눈으로 또렷하게 확인하게 되어, 미연의 사고를 줄일 수 있다.

❸ 콘티넨탈
:

콘티넨탈도 독일의 자동차 부품 회사다. 특히 타이어로 시작한 회사인 만큼 폭스바겐, BMW, 다임러 등 여러 글로벌 업체에 타이어를 공급하지만 이 외에도 자동차와 관련된 것이라면 거의 모든 부품의 생산이 가능하다. 현재 미국에 약 6,300건가량의 특허를 출원하고 있다.

콘티넨탈은 자율주행과 관련해 교통제어 시스템과 관련한 특허출원이 많았다. 특히 차량과 사물 간 통신V2X, Vehicle to X에 관한 것들이다. 2017년에 등록된 다음 특허도 V2X와 관련된 특허에 해당한다.

기존 자동차의 경우 엔진 모터 소리를 듣고 차량이 접근하고 있는지 등을 판단하는데, 최근 보급되기 시작한 전기 자동차나 하이브리드 차의 경우는 매우 조용하다. 그래서 보행자나 다른 차량이 접근하고 있어도 감지하지 못하는 경우가 발생한다. 따라서 운전자에게 어떠한 문제가 발생할 경우 큰 사고로 이어질 수 있다. 이 특허는, 이러한 소음이 발생되지 않는 차량 등의 접근을 알려주는 것과 관련한 특허다.

각각의 차량은 무선 송수신 장치를 가지며 이는 차량제어 컴퓨터로 연결되고 제어된다. 차량제어 컴퓨터는 운전자의 생체 신호 및 자동차 제어 시스템 센서와 결합되어 다양한 신호를 생성한다. 이를 통해 차량제어 컴퓨터는 차량 및 차량을 조작하는 사람의 상태, 다양한 조작 특성 등을 알 수 있다.

예를 들어 가장 뒤쪽에 위치한 차량은 앞에 있는 차량들로부터 운전자 및 차량 정보를 제공받는다. 운전자의 상태란 운전자의 정신 및 신체 상태 등을 뜻하는데, 운전자의 맥박, 호흡 속도, 체온, 혈압 등이다. 쉽게 떠올릴 수 있는 장면은 졸음운전 같은 경우다. 다른 차량의 운전자들보다 제 기능을 못하는 운전자라면, 즉 졸음운전을 하고 있는 경우, 해당 차량으로부터 상이한 소리를 발생시킬 수 있다는 것이다.

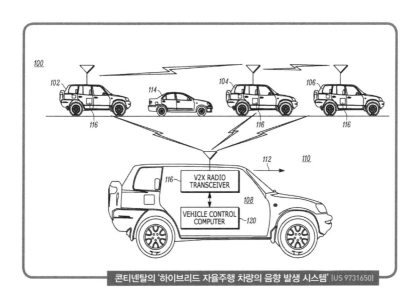

콘티넨탈의 '하이브리드 자율주행 차량의 음향 발생 시스템' (US 9731650)

한편 콘티넨탈은 자율주행과 관련해 GPS 기반의 차량 관련 기술 업체인 조나Zonar를 인수하기도 했다. 조나가 미국에 출원한 특허는 총 79건으로, 도로에서의 차량 장애를 예방하기 위한 방법, 차량 진단 시스템, GPS 데이터 분석 장치 등과 관련한 특허들을 출원하고 있다.

4 기타

:

그 밖에도 상대적으로 출원 건수는 적지만 주목할 만한 기업이 있다. 모빌아이Mobileye, 죽스Zoox, 인릭스Inrix 같은 기업이다.

모빌아이는 이스라엘 기업으로, 영상 인식 기반 첨단 운전자 보조시스템ADAS, Advanced Driver Assistance Systems을 세계 최초로 개발하면서 설립 5년 만인 2014년 나스닥에 상장된다. 그리고 2017년 3월, 미국 1위 반도체 기업인 인텔에 153억 달러에 인수되었다.

ADAS는 차량에 부착된 센서가 실시간으로 물체를 인식해 위험 상황을 경고하는 장치다. 현재까지 모빌아이가 미국에 출원한 특허는 약 130건으로, 2013년에서 2015년 사이에 집중적으로 출원되었다. 미래 경로를 추적하기 위한 시스템과 방법, 차량 끼어들기에 대한 예측과 반응, 자율 차량 속도 보정, 자율 차량 내비게이션과 관련한 특허들을 출원하고 있다.

인텔이 모빌아이를 인수했다는 것은 향후 자율주행 시장을 고려하고 있음을 시사한다. 아직까지 출원인명이 인텔로 검색되는 특허 건수는 그리 많지 않다. 그리고 자율주행과 관련해 특허를 매입한 정보도 쉽게 발견되지 않는다. 그러나 모빌아이의 경우처럼 우수한 기술력을 보유한 기업이 있다면 인수합병M&A을 통해 자율주행 특허들을 확보해 나가지 않을까 예상한다.

죽스는 자율주행 관련 스타트업 기업으로 현재 미국에 총 21건의 특허를 출원하고 있다. 21건의 특허 모두 2015년에 출원된 것으로 자율주행과 관련이 있다. 센서를 통해 물체를 탐지하는 방법, 안전 시스템, 상호작용, 원격 제어 등에 관한 것이다.

인릭스는 교통 서비스를 제공하는 업체로, 포드, 마이크로소프트, 톰톰 등을 파트너로 보유하고 있다. 인릭스가 미국에 출원한 특허는 총 77건으로, 교통 트래픽(미래 교통 트래픽 예측 포함), 도로 교통 조건 데이터 검출 및 정보 등과 관련된 특허가 대부분으로 나타났다.

IT 기업으로는 구글이 출원인 10위를 기록하며 가장 많은 특허출원을 했고, 히타치, GE, IBM, LG전자, 후지, 퀄컴, 플렉트로닉스 등의 출원이 활발한 것으로 드러났다. 상대적으로 애플의 경우 생각보다 출원이 많지 않았다.

승객과 기사를 연결하는
우버도 자율주행을?

━

모바일 차량 예약 이용 서비스를 애플리케이션으로 제공하고 있는 우버도 자율주행에 관심을 보이고 있다. 특히 자동차 기업의 특허를 인용해 개량된 기술에 대한 특허들을 출원하고 있다. 자율주행을 포함해 현재 우버가 미국에 출원한 특허는 총 171건으로 파악된다.

우버의 특허는 보조적인 관점보다 실질적인 자율주행과 관련한 특허가 대부분인 것으로 나타났다. 다음은 우버가 2016년에 출원한 특허다.

이는 자율주행의 의사결정 신호 시스템을 이용한 자율주행차를 예시적으로 보여주는 그림이다. 자율주행에 있어서 센서 어레이sensor array는 도로 측면상의 보행자 그룹을 검출할 수 있다. 의사결정 신호 시스템은 센서 어레이로부터 상황 데이터를 처리해 보행자를 식별할 수 있다.

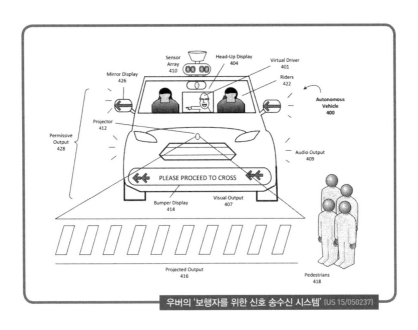

우버의 '보행자를 위한 신호 송수신 시스템' (US 15/050237)

다시 말해 의사결정 신호 시스템은 한 명 이상의 보행자가 직면하고 있는 방향을 식별해, 보행자들에게 자동차가 건널목을 가로지른다는 표식이나 표현을 보여줄지에 대해 판단한다. 그러나 이를 인지하지 못할 경우는 어떻게 할까? 그런 상황에 대한 부분도 고려되어 있다. 즉 차량 충돌이 임박했을 때 자율주행차의 경우, 차량 인터페이스 시스템의 제어기능에 대한 명령을 통해 이를 회피하는 주행을 할 수 있다.

최근에 우버는 AT&T, 매니월드ManyWorld, 디카르타deCarta, 휴렛팩커드Hewlett-Packard, 팔로알토Palo Alto 리서치 센터 등으로부터 약 170건 가량의 특허를 매입한 것으로 나타났다. 매입한 특허의 대부분은 위치 정보 기반 매칭 시스템, 내비게이션 등 자율주행과 관련 있는 특허를 비롯해 현재 서비스로 제공되고 있는 서비스 애플리케이션에 필요한 통신과 관련한 특허들이었다.

■ 자율주행 로봇, 물류 관리의 진화

자율주행 특허를 보면 자동차는 아니지만 물류창고나 쇼핑센터 등에 들어가는 자율주행 로봇, 청소용 로봇 등과 관련한 특허들을 찾아볼 수 있다. 우리에게 물류창고에서 쓰는 로봇으로 가장 잘 알려진 것은 아마존의 '키바 로봇'이 아닐까 한다.

아마존은 2012년에 키바시스템즈를 인수해 물류 관리에 로봇을 활용하고 있다.

키바 로봇은 언뜻 보기에 로봇 청소기 모양과 매우 흡사하다. 움직임도 로봇 청소기가 움직이는 방식과 유사하지 않을까 싶다. 실질적으로 특허에서 키바 로봇의 작동 방법을 보면 이동주행장치MDU, Mobile Drive Unit를 통해 키바 로봇이 지정된 경로에 따라 움직인다.

아마존은 키바 인수 뒤 키바의 특허를 인용해 지속적으로 물류 관리 관점에서의 로봇 특허들을 출원하고 있다. 그 내용을 보면 주로 순서 실현, 재고 관리, 트래킹 등이다. 기존에 사람들이 일일이 재고나 수량을 파악해 데이터화하기 어려웠는데, 로봇을 사용함으로써 실시간으로 움직이면서 재고 관리를 쉽고 빠르고 효율적으로 진행할 수 있도록 하는 데 초점이 맞춰 있다.

최근에는 로봇이 사람과 같이 일할 수 있도록 상호작용하는 특허(US 9649766)도 등록되었다. 사람이 RFID 태그가 달린 장갑, 모자, 작업복 등을 착용하면 키바 로봇이 RFID 태그를 식별해 사람과 부딪치지 않게 하는 등 효율적으로 움직이게 하는 기술이다. 단순히 로봇만이 아니라 필수적으로 존재해야 하는 사람과의 작업에서, 로봇과 사람 간 상호작용을 통해 효율과 안전성을 모두 잡기 위한 기술로 볼 수 있다.

자율주행 로봇 관련 스타트업 기업도 있다. 바로 브레인코프Brain Corp다. 2009년에 설립된 기업으로, 이동 로봇에 들어가는 인공지능과 자율주행 기술을 개발하는 기업이다. 설립자인 유진 이지케비치E. Izhikevich는 컴퓨터 신경과학자이기도 하다.

브레인코프는 아마존의 키바처럼 물류창고 등에 사용할 수 있는 자율주행 로봇을 타깃으로 삼고 있다. 로봇의 사용처는 청소기, 물류 이동 등 다양하다. 최근 일본의 소프트뱅크와 미국의 퀄컴사로부터 펀딩을 받았는데, 브레인코프는 특히 퀄컴사와 인연이 깊다. 퀄컴의 리서치랩에 오랫동안 입주했었다고 한다.

브레인코프가 지금까지 미국에 출원한 특허는 총 129건이다. 이 중 인공지능을 포함해 데이터의 처리, 인식 등과 관련한 특허가 전체 출원의 약 53퍼센트를 차지한다. 최근 출원하고 있는 특허를 보면 로봇의 내비게이션 훈련, 원격 조작, 로봇 제어 장치, 물체 인식 등과 관련한 특허들이다. 또한 인공지능에 해당하는 뇌 신경망 학습, 기계 학습, 인공 뉴론 네트워크 등과 관련한 특허들을 집중 출원하고 있다.

국내 기업의 자율주행,
어디까지 달려왔나?

—

우리나라에서는 자율주행과 관련해 어떤 흐름이 나타나고 있을까? 미국 출원에서 상위에 올라 있었던 만큼 국내 출원에서도 현대자동차가 압도적으로 많은 출원을 이어가는 모습이다. 현대모비스, 기아자동차, 현대오트론 등의 현대 계열사를 포함하면 전체 출원의 25퍼센트를 차지한다.

　그다음으로 LG전자, 한라홀딩스(만도 포함), 한국전자통신연구원 등의 순으로 나타났다. 그리고 국내 기업들 사이에서 외국 기업들의 출원도 눈에 띈다. 보쉬, 콘티넨탈, 도요타, 퀄컴, 구글 등으로 미국 출원 활동에서도 주목되는 자동차 관련 기업들과 IT기업들이다.

현대 계열사를 제외하고 국내 부품업체 중 자율주행 관련 특허출원에 적극적인 기업은 만도다. 만도는 완전 자율주행 관련 기술보다는 첨단운전자 보조시스템에 해당하는 기술에 대한 특허출원에 집중하고 있는 듯하다. 충돌 방지 장치 및 방법, 차선 이탈 경고 장치 및 방법, 차량의 경고 제어 장치 및 방법, 운전자 지원 장치 및 운전 지원 방법, 자동 주행 제어 시스템 및 방법 등과 관련한 특허들이 대부분을 차지하고 있었다.

자동차 관련 업체 외에는 LG전자의 출원을 눈여겨볼 만하다. 지금까지 총 200건이 넘는 특허를 출원하고 있다. 특히 2010년 이후부터 출원 활동이 두드러지기 시작했는데, 2015년에는 한 해에만 100건이 넘는 특허를 출원했다.

출원 분야를 살펴보면 도로상의 차량 운전 제어 시스템과 관련한 특허가 압도적으로 많다. 자동 조향 제어 시스템, 차량용 진단 장치, 차량의 주행 모드 전환 장치, 차량 운전 보조 장치, 차량의 안전 주행 장치 등이다.

그중에서도 특히 IoT 기술이 적용된 차량 간 통신과 관련된 것들이 많다. 전자기업으로서 가져갈 수 있는 강점, 즉 무선통신, 데이터의 송수신 및 전송 등의 기술을 활용했다. 다음은 LG전자가 2017년 7월에 등록한 '차량 및 그 제어 방법과 관련한 특허'다.

이 특허는 군집 주행과 관련된 특허다. 군집 주행에는 리더 차량과 팔로우 차량이 존재하는데, 기존의 자율주행 방법에서는 모든 차량이 일렬로 정렬되어 주행해야만 했다. 그러나 이 특허는 군집 내 차량이 아닌 다른 차량이 끼어들더라도 리더 차량을 쫓아갈 수 있음은 물론, 군집과는 다른 차로에서 주행하다가도 차로 변경을 통해 리더 차량과 군집 내 다른 팔로우 차량 사이로 끼어들 수 있는 방법과 그 시스템에 관한 것이다.

앞의 그림은 카메라 센서로부터 제공되는 영상이나 신호를 기초

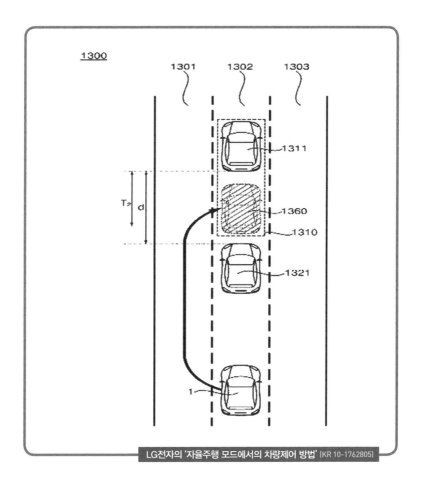

LG전자의 '자율주행 모드에서의 차량제어 방법' [KR 10-1762805]

로, 리더 차량과 팔로우 차량 사이에 군집에 속하지 않은 타 차량의 위치를 판단할 수 있고 차량의 좌측 차로 또는 우측 차로가 비어 있는지 등을 확인할 수 있어, 군집에 속하지 않은 차량을 추월, 리더 차량 뒤에 위치해 주행할 수 있음을 보여준다.

주요 업체 외에 인포뱅크의 출원 활동이 눈에 띈다. 인포뱅크는 기업용 문자 서비스와 휴대전화용 소프트웨어 개발업체로 알려져 있는데 최근 스마트카 솔루션 제공 기업으로도 소개되고 있다. 현재까지 국내 714건의 특허를 출원하고 있으며 80건의 특허가 등록되어 있다. 인포뱅크의 경우 2011년부터 매우 적극적인 특허출원 활동을 보이고 있다. 2010년까지만 해도 매년 10~15건 정도의 특허를 출원하는 데 그쳤으나, 2011년에 80건의 특허를 출원하더니 2015년에는 가장 많은 149건의 특허를 출원했다. 기술에 대한 권리를 확보하고자 하는 의지가 엿보인다.

자동차와 관련해서는 차량 관리 서비스 제공, 차량용 전자 제어 장치, 자율주행 경로 설정방법, 차량 간 통신 장치, 상황에 따른 경적음 발생 장치, 주차 대행 서비스 제공 등과 관련한 특허들을 출원하고 있었다. 이 중 차량 관리 서비스 제공 방법에 대한 특허를 한번 살펴보자.

2016년 12월에 출원한 이 특허는 차량의 개인적 관리를 도와줄 수 있는 방법과 관련이 있다. 운전자는 엔진 오일, 차량 관련 부품에 관한 지식을 어느 정도는 알고 있어야 차량 관리를 보다 수월하게 할 수 있다. 하지만 대부분은 이러한 지식을 모르기 때문에 정비소에 방문해 전문가에게 자동차 수리와 교환을 의뢰하게 된다. 이런 경우 때에 따라서는 부당하게 비싼 비용을 지불하는 경우도 발생한다. 그런데 이 특허를 이용하면, 이미지 촬영을 통해 차량 정보를 갱신함으로써 차량 정비에 필요한 정보를 적절한 시기에 제공받고, 부품 교체 또는 사고 발생 시 시간을 내서 애써 정비소를 찾아가지 않아도 필요한 부품의 적정한 가격, 양질의 서비스를 제공하는 정비소별 견적을 받아볼 수 있다.

주목할 만한 또 다른 기업은 현대자동차의 공동 출원인인 오비고다. 오비고는 차량용 웹 브라우저 전문회사다. 2017년 초 자동차 운용체계(OS) 세계 1위인 블랙베리에 오비고의 차량용 브라우저를 공

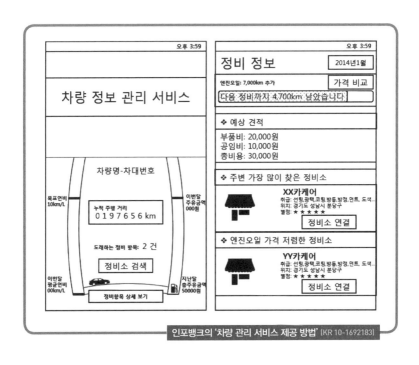

인포뱅크의 '차량 관리 서비스 제공 방법' [KR 10-1692183]

급하는 계약을 체결하기도 했다. 오비고가 국내 출원한 특허는 총 56 건이며, 이 중 49건의 특허가 등록되었다. 그리고 국내뿐 아니라 미국, 중국, 유럽 등에도 특허를 출원하고 있다.

최근 출원된 특허를 보면 차량의 수많은 ECU Electronic Control Unit (전자제어장치) 및 ECU 간 연동 관계를 파악하고, 이를 통해 최적의 업데이트를 수행하는 방법 등과 관련한 특허를 출원하고 있다. 해당 특허는 자사가 기존에 출원한 특허와 일본 덴소가 보유한 차량 탑재 프로그램 갱신 장치의 특허를 인용해 개량한 특허에 해당한다.

자동차 분야에 IT 기술이 접목됨에 따라 더는 플레이어가 없을 것으로 여겨졌던 자동차 분야에 새로운 기업들이 탄생하고 있다. 여기서는 죽스, 모빌아이, 조나, AWPS, 와이트리시티 등을 언급했다. 그러나 채 언급되지 않은 더 많은 기업들이 있다. 그리고 우리는 이들 기업에 의해 참신한 개념과 아이디어가 접목된 새로운 자동차와 서

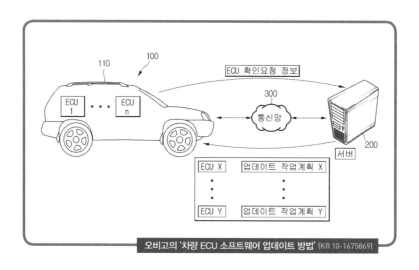

오비고의 '차량 ECU 소프트웨어 업데이트 방법' [KR 10-1675869]

비스가 탄생하리라 직감한다. 앞서 소개된 그들이 출원한 기발한 특허들을 다시 한 번 생각해보라.

뿐만 아니다. 각 기업마다 자율주행 테스트에 더욱 박차를 가하고 있다는 소식, 게다가 이런 실험이 꽤나 성공적인 성과를 거두고 있다는 보도는, 기대가 현실이 될 날이 점점 다가오고 있음을 느끼게 한다. 얼마 전 텔레비전에 방영되었던 현대모비스의 자동차 CF를 본적이 있는가? 자율주행 중인 자동차 운전석에 임산부가 타고 있고, 뒷좌석에는 어린아이가 앉아 편안하게 단잠에 빠져 있다. 산길을 돌아가던 자동차는 한순간 스스로 알아서 조용히 멈춰 선다. 길 위로 고슴도치 가족이 느릿느릿 걸어가고 있었기 때문이다. 자율주행에 대한 안정성과 편리성 그리고 인간적 감성을 돋보이게 표현한 광고다. CF의 주인공이 바로 나라고 한번 상상해보자. 자동차 안에서 커다란 스크린을 통해 좋아하는 영화를 보거나, 노트북 컴퓨터를 이용해 밀린 업무를 처리하거나, 아이와 함께 놀이를 즐기는 내 모습을 말이다. 아, 자동차를 타는 일이 얼마나 설레고 즐거울 것인가!

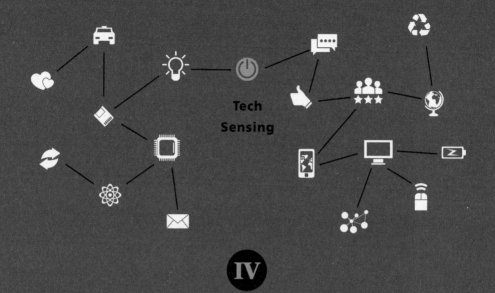

Tech
Sensing

IV

컬처 쇼크

AR과 VR로 즐기는 세상

광학과 영상 및 음향 등의 기술 발전으로 우리는 이미 게임, 영화, 애니메이션, 스포츠 분야에서 다양한 즐거움을 만끽하고 있다. 이제는 더 나아가 가상 및 증강현실과 같은 기술을 통해, 기존에 즐겨보지 못한 현실감 넘치는 색다른 경험도 만나게 됐다. 누군가는 이 기술과 함께 엄청난 아이디어로 문화계에 돌풍을 몰고 올지도 모른다. 무엇이 어떻게 달라질까?

인간이 상상한 것을 가상으로 만들고 HMD가 매개체가 되어 그 가상 속의 세계로 들어간다. 영화 〈아바타〉처럼 말이다. 2009년 12월 전 세계에서 동시 개봉한 제임스 카메론 감독의 블록버스터 할리우드 3D 영화 〈아바타〉에서는 이모션 캡처 기술과 가상 카메라를 통해, CG 캐릭터의 생생한 피부나 표정이나 근육의 움직임뿐만 아니라 동공의 변화와 눈썹의 떨림까지도 세밀하게 표현해내 관객들을 사로잡았다. 이와는 반대로 현실 속에 3차원의 가상 이미지를 겹쳐서 보여주는 영화도 있다. 거장 스티븐 스필버그 감독이 1956년에 발표된 필립 K. 딕의 동명 원작을 스크린으로 옮겨 2002년에 개봉한 SF 영화 〈마이너리티 리포트〉다. 이 영화를 본 사람이라면 톰 크루즈가 손으로 3차원 모니터를 이리저리 넘기는 장면을 보면서 '아, 실제로 저렇게 되기만 한다면 얼마나 재미있을까?'라는 생각을 한 번쯤은 해 보지 않았을까?

과연 우리는 조만간 그런 완벽한 가상 및 증강 세계를 만날 수 있을까? 다음 그림은 마이크로소프트사가 2016년 출원한 특허의 도면이다. 서로 멀리 떨어져 있는 둘 이상의 사용자가 HMD를 매개로 '혼합현실 환경에서 가상 콘텐츠를 공유하고 상호작용하는 모습'을 보여주고 있다.

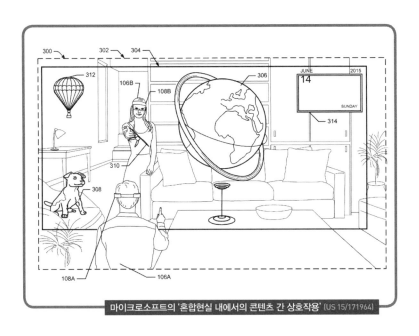

마이크로소프트의 '혼합현실 내에서의 콘텐츠 간 상호작용' (US 15/171964)

이런 특허들을 보고 있으면 정말 〈마이너리티 리포트〉와 같은 세계가 가까운 미래에 펼쳐질 수도 있겠다는 생각을 갖게 한다. 이번 장에서는 가상 및 증강현실과 관련된 특허를 통해 이들 기술이 얼마나 가까이 와 있는지 살펴보고자 한다. 우선 가상 및 증강현실 관련 특허가 언제부터 출원되기 시작했는지부터 알아보자.

이미 오래전에 시작된
증강현실과 가상현실의 세계
—

증강현실과 가상현실 기술 자체는 아주 최신 기술은 아니다.

우선 증강현실로 인식되거나 증강현실이라는 개념이 가미된 기술은 1960년대 초반부터 존재했다. 증강현실의 시초로 보이는 특허는 1961년 모튼 하일리그Morton Heilig가 출원한 오토바이 시뮬레이터인 '센소라마Sensorama'라는 기계에 관한 것이다. 특허의 도면을 보면 센소라마의 겉모습은 커다란 아케이드 게임 기계 같은 형상이며, 이 기계는 다양한 센서 기기들로 에워싸여 있어 바람이나 진동, 스테레오 음향 등을 감지할 수 있다.

가상현실은 증강현실보다 훨씬 앞서 있다. 가상현실은 말 그대로 현실이 아닌 세계를 현실인 것처럼 보여주는 기술이다. 가상현실 특허는 19세기 후반과 20세기 초반의 '뷰마스터View Master'라는 쌍안경 형태의 기기로부터 시작되었다. 1898년 최초로 출원된 입체 쌍안경

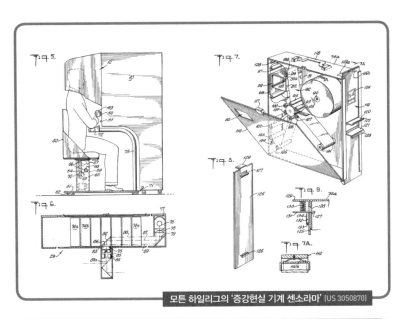

모튼 하일리그의 '증강현실 기계 센소라마' (US 3050870)

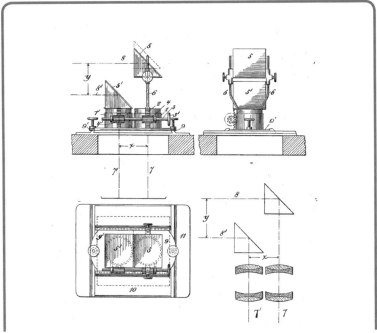

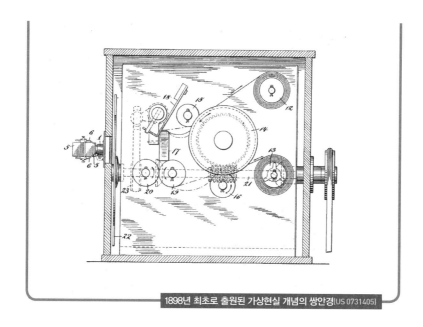

1898년 최초로 출원된 가상현실 개념의 쌍안경(US 0731405)

기기Stereocsopic Apparatus는 도면상에서 현미경과 비슷한 모습이다.

특허 내용을 보면, 사진을 촬영하고 기기를 통해 눈앞에 펼쳐지게 하는 장치라고 설명되어 있다. 사진 카드나 릴Reel을 사용, 쌍안경 렌즈를 통해 바로 눈앞의 현실처럼 펼쳐지게 하는 원리다. 현재도 수많은 가상현실 기기에 사용되는 기술이다.

증강현실 vs 가상현실,
그 우위는?

—

둘 중 어느 분야든 글로벌 기업들의 특허출원은 활발하다. 현재까지

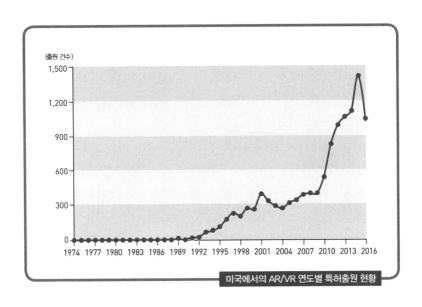

미국에서의 AR/VR 연도별 특허출원 현황

AR/VR과 관련해 미국에 출원된 특허는 약 1만 1,000건에 달한다. 그러나 이 중 50건 이하의 출원 기업이 전체의 70퍼센트를 차지한다. 아직까지 AR/VR 분야의 우위 기업이 어디라고 언급하기에는 조금 이른 듯하다. 가장 활발한 출원 활동을 보이는 일본의 소니나 미국의 마이크로소프트조차도 전체 출원의 약 3~4퍼센트 정도의 비중을 차지할 뿐이다(물론 단순히 특허 건수가 많다고 해서 기술력이 좋다고 볼 수는 없다).

이를 뒷받침하듯 글로벌 기업들은 미디어를 통해 AR/VR과 관련해 각자의 플랫폼 구축에 대한 뜻을 밝히고 있다. 구글은 자사 플랫폼을 바탕으로 가상현실 사용자 기반을 확보하고자 노력하고 있으며, 페이스북은 오큘러스를 인수함으로써 자신만의 플랫폼에서 가상현실을 달성하고자 애쓰고 있다. 게임 분야도 마찬가지다. 대표적으로 소니의 경우 기존 게임 플랫폼에서 자사의 VR HMD를 통해 생태계를 구축하고 있다. 그러나 결과적으로 아직까지 어느 누구도 AR/VR 생태계를 장악하지는 못했다. 한마디로 춘추전국시대라 할 수 있을 것이다.

출원인 상위 기업인 소니나 마이크로소프트의 최근 동향을 보면 상호작용이라는 단어가 많이 포함되어 있다. 마이크로소프트의 특허를 한번 살펴보자. 일반적으로 가상 세계에서 가상으로 표시된 요소는 사용자가 만져도 물리적인 접촉이 없기 때문에, 사용자는 그러한 가상 터치가 언제 발생하는지 감지할 수 없다. 그러나 이 특허는 사용자의 손가락 위치, 경도, 속도, 강도, 지속 시간 등으로부터 가상 터치가 언제 발생하는지 판단하고, 사용자에게 가상 터치가 발생했음을 나타내는 햅틱Haptic (컴퓨터의 기능 가운데 촉각과 힘, 운동감 등을 느

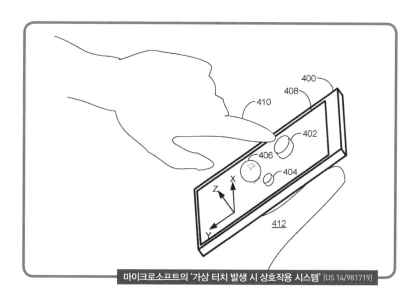

마이크로소프트의 '가상 터치 발생 시 상호작용 시스템' (US 14/981719)

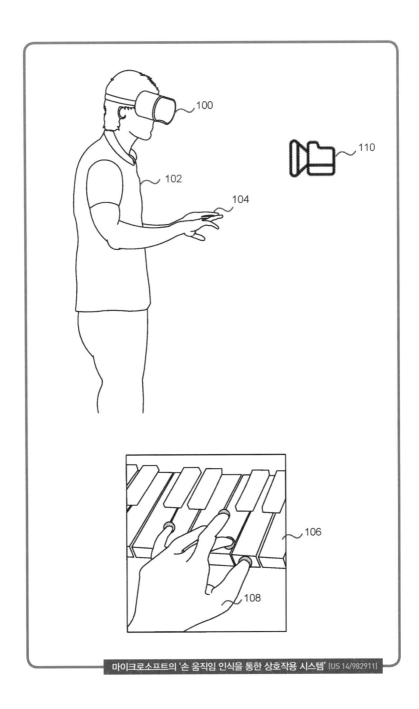

마이크로소프트의 '손 움직임 인식을 통한 상호작용 시스템' [US 14/982911]

끼게 하는 기술) 동작을 생성할 수 있다.

또 다른 특허는 제어 시스템을 조작하는 사용자의 손 움직임을 캡처해 그 데이터를 수신하는 장치에 관한 것이다. 다음 그림은 아바타 손으로 가상 피아노를 치기 위해 가상현실 헤드셋을 착용한 사용자의 모습이다. 실내에 장착된 카메라를 통해 사용자와 사용자의 손을 캡처한다. 포착된 데이터로부터 손의 3차원 모델의 포즈 파라미터 값을 계산한다. 이를 기반으로 가상 피아노 키보드와 손의 3D모델 간 상호작용을 계산하고, 이를 통해 가상 피아노를 연주하게 된다.

마지막으로 소개하는 특허는 3차원 가상공간을 통해 서로 다른 지역에 있는 참가자가 물리적으로 같은 곳에 있는 것처럼 느끼며 회의할 수 있는 방법을 제시한다. 2차원 화상회의와는 엄청난 차이다. 3차원

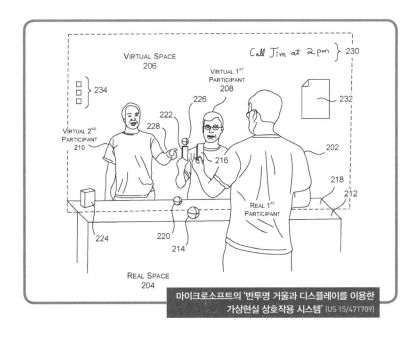

마이크로소프트의 '반투명 거울과 디스플레이를 이용한
가상현실 상호작용 시스템' [US 15/471709]

가상공간의 매개체는 거울이다. 반투명 거울을 통해 나의 가상 이미지와 상대방의 가상 이미지를 주고받으며, 가상의 물체를 공동으로 조작할 수 있는 기능도 있다.

AR/VR 특허출원에 뛰어든
세계적인 기업들

—

소니와 마이크로소프트 외에 출원 활동이 활발한 기업은 닌텐도, 매직리프, IBM, 삼성전자, 캐논, 퀄컴, 카밤, 노키아, 구글 등이다. 이들 기업 가운데 매직리프, 카밤, 구글은 최근 5년간 가장 활발한 출원 활동을 보이고 있다.

매직리프는 가상 및 증강현실 스타트업 기업이다. 최근 구글, 퀄컴 등으로부터 거액의 투자를 받으며 큰 화제를 모은 기업이기도 하다. 2011년 1건의 특허출원을 시작으로 매년 3~4건 정도 출원을 이어오다 2015년 들어서 급격히 증가해, 한 해에만 169건의 특허를 출원했다.

매직리프는 기술 자체가 눈에 직접 영상을 투사하는 방식을 선택하고 있어, 눈의 움직임 및 투사하는 빛의 조절과 관련된 출원이 많다. 사실 이 기업의 경우 여러 언론을 통해 보도되고 있기는 하지만 기술이 어느 수준까지 와 있는지 베일에 싸여 있어, 추후 출원되는 특허들을 눈여겨볼 필요가 있다.

카밤은 '마블 올스타 배틀MARVEL Contest of Champions'이라는 게임으로 인지도 높은 미국 모바일 게임 회사다. 2016년 2월, 우리나라 게임 업체인 넷마블게임즈가 약 9,000억 원대에 인수하면서 화제가 되었다. 카밤이 미국에 출원한 특허는 총 193건이며, AR/VR 관련 특허는 약 100건에 육박한다. 특히 최근 5년 동안 AR/VR 출원이 매우 활발하다.

구글은 2012년 증강현실 기기인 '구글글라스Google Glass'를 출시하며 증강현실 시장에 가장 먼저 발을 들여놓는다. 음성 명령을 통해 구글글라스로 인터넷 검색과 사진 촬영, 길 찾기 등이 가능했다. 구글의 증강현실과 관련된 출원은 2011년과 2012년에 가장 많이 이루어졌다.

그러나 너무 앞서 나갔던 탓일까? 구글글라스의 판매는 부진했고, 이와 함께 2013년의 특허출원도 감소했다. 그러나 2014년부터 다시 출원이 증가하는 모습을 보였다. 자체 출원 활동과 별개로 앞서 소개한 매직리프와 같은 AR/VR 전문 기업에 적극적으로 투자도 진행하고 있다.

한편 상위 출원인에 속하지는 않지만 눈에 띄는 출원 활동을 보이는 기업들이 있다. AR/VR 전문 기업인 오큘러스, 오스터하우트Osterhout 등과 세가Sega, 디즈니엔터테인먼트, 코나미Konami 등 게임 및 엔터테인먼트 회사들이다.

오큘러스는 앞서 언급했듯 지난 2014년 페이스북이 2.5조 원에 인수하면서, 향후 페이스북이 오큘러스의 기술을 발판으로 가상현실 관련 비즈니스에 뛰어들 것임을 시사했다. 오큘러스는 페이스북이 인수하기 전인 2014년까지 10건 내외의 특허출원을 보였으나, 인수 이후인 2015년과 2016년에 각각 60건이 넘는 특허를 출원했다.

페이스북은 오큘러스 인수 후에도 가상현실 헤드셋에 집중된 출원을 보이고 있다. 최근 출원을 보면 VR과 연동해 감각을 다룰 수 있는 것과 관련된다. 즉 가상 세계 내의 아이템을 이동시키는 데 사용될 수 있는 것들이다. 2017년에 출원한 다음 특허도 이와 관련된 것이다. 탄성 기판과 전도성 요소를 갖는 변형 감지 장치에 관한 것으로, 이 장치는 장갑 등의 착용 장치에 부착되어 사용할 수 있다. 장갑의 점Point 방향 또는 위치는 가상 환경에 대한 정보를 제공하거나 손과 같은 신체 부분의 상태를 렌더링Rendering(2차원 화상에 광원, 위치, 색상 등 외부 정보를 고려해 사실감을 불어넣어 3차원 화상을 만드는 과정)할 수 있다. 예를 들어 열고 닫거나, 가리키거나, 움직이거나 하는 등 손의 상태는 사용자의 손가락 또는 손가락 끝의 굽힘 각도 등에 따라 결정된다.

오스터하우트는 군사 전용 AR 글라스를 개발해온 업체로, 우리에게는 다소 생소하다. 오스터하우트는 총 269건의 특허를 미국에 출원하고 있는데, AR 글라스 전문 업체인 만큼 광학 요소와 관련된 특허가 전체 출원 특허의 94퍼센트를 차지한다. 재미있는 점은 오스터하우트가 출원한 특허의 일부(약 70건)가 마이크로소프트로 권리 이전되었다는 것이다. 대부분 2011년 이후에 출원된 특허로, 광학렌즈 등 헤드마운트형 웨어러블 관련 특허들이다.

아마존도 가상 및 증강현실 기술과 관련한 특허를 출원하고 있다. 아마존이 이러한 기술에 관심을 보이기 시작한 지는 얼마 되지 않았다. 2010년부터 가상 및 증강현실 관련 특허들을 출원하고 있다. 주

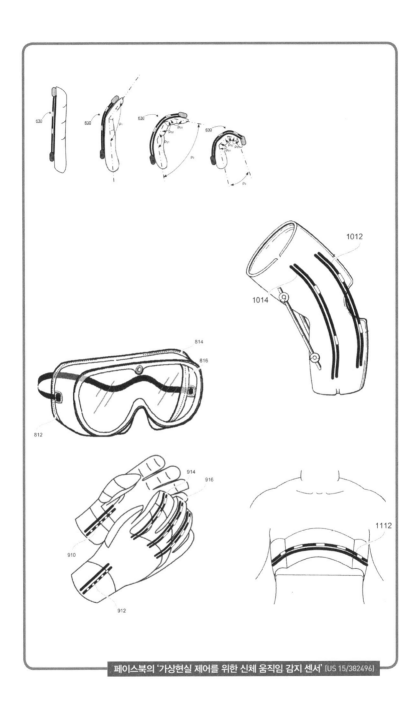

페이스북의 '가상현실 제어를 위한 신체 움직임 감지 센서' (US 15/382496)

요 특허들을 살펴보면, 사람과 상호작용이 가능한 가상현실 이미지 디스플레이 기기를 비롯, 사람의 움직임을 감지하고 박수를 치거나 휘파람을 불거나 노래하거나 말할 때 반응하는 것과 관련한 특허들로 가상 및 증강현실, 음성인식 등의 기술들이다.

흥미로운 것은 아마존이 이들 특허를 롤스Rawles로부터 양수했다는 것이다. 그러나 우리가 롤스라는 기업을 인터넷으로 검색해보면 어떤 사업을 하는 곳인지 파악하기가 쉽지 않다. 롤스는 아마존이 가상 및 증강현실과 관련한 특허들을 출원하기 위한 목적으로 설립한 회사이기 때문이다. 다시 말해 아마존은 어떤 상용 제품을 준비하기 전까지 그것이 무엇인지 비밀에 부치기 위해 롤스를 설립했으며, 이 회사를 통해 가상 및 증강현실 관련 특허들을 숨겨왔던 것이다. 그런 까닭에 2015년 출원인 롤스의 이름으로 된 105건의 특허는 전부 아마존으로 양도되었다.

끝으로 애플이다. 애플은 아직까지 스마트안경을 출시하지 않았다. 그런데도 우리가 이 회사에 주목하는 이유는 곧 출시가 임박했음을 유추할 수 있는 특허들이 잇따라 출원되고 있기 때문이다. 2017년에 출원된 다음 특허를 살펴보자. 스마트폰 등으로 사진이나 동영상을 촬영하고 GPS 센서로부터 현재 위치를 입수하면 적절한 관심 지점들이 실제 환경 뷰에 표시된다. 사용자는 표시된 여러 관심 지점 중 한 곳을 선택한다. 그러면 관심 지점에 관한 정보들을 볼 수 있는 구조다. 이는 스마트안경에도 적용된다. 안경은 반투명 스크린으로 되어 있는데, 사용자가 이 안경을 쓰고 관심 지점과 겹쳐지도록 손가

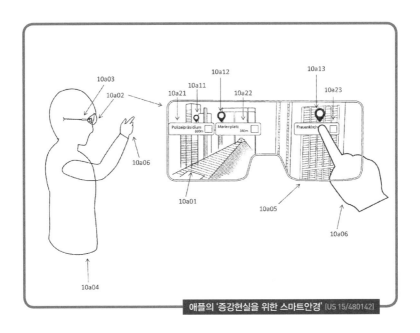

애플의 '증강현실을 위한 스마트안경' [US 15/480142]

락을 허공에서 움직이면 스마트안경은 이를 인식해 관심 지점에 대한 정보를 제공한다. 터치스크린처럼 안경을 만지는 등의 행위는 하지 않아도 된다.

AR/VR 특허출원에 뛰어든
국내 기업들

—

국내에서는 지금까지 약 5,400여 건의 AR/VR 관련 특허가 출원된 것으로 파악된다. 현재까지 가장 많이 출원한 곳은 한국전자통신연구원이다. 그다음으로는 삼성전자, LG전자, 에스케이플래닛 등의 순이다.

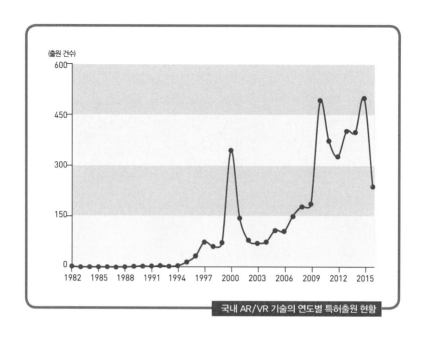

국내 AR/VR 기술의 연도별 특허출원 현황

외국 업체에 의한 한국 출원도 눈에 띈다. 마이크로소프트, 소니, 퀄컴, 세가, 엠파이어테크놀로지Empire Technology, 코나미 등이 한국 출원에 적극적이다. 아무래도 한국이 얼리 어댑터Early Adopter(일찍 받아들이는 사람이란 뜻으로, 끊임없이 새로운 상품이 쏟아지는 디지털 시장에서 기술이해도가 빠르고, 새로운 것에 대한 호기심과 열정으로 무장되어 최초로 생산된 제품과 신기술들을 남들보다 먼저 구입해 사용하는 사람) 인구가 많고 게임과 엔터테인먼트 분야에서 두각을 보이고 있는 만큼, 외국 기업들의 한국 특허출원은 의미가 있어 보인다.

한편 대기업들 사이에서 도드라진 활약을 보이는 중견기업과 중소기업이 있다. 가장 눈에 띄는 곳은 비즈모델라인이다. 비즈모델라인은 핀테크 분야 특허출원에서 두각을 나타내는 기업이다. 비즈모델라인과 관련한 정보는 핀테크 분야에서 다루고자 한다. 그 밖에 골프존, 에이알비전, 포스트미디어 등이 있다.

골프존은 국내 스크린 골프를 이끌고 있는 대표 주자다. 이 기업이 국내에 출원한 특허는 모두 194건에 달하는데, 골프 시뮬레이션 장치와 관련된 특허들이 대부분이다. 골프와 사용자의 히스토리 정보를 이용해 가상 골프 시뮬레이션을 제공하는 등 가상현실 기술을 접목하고 있다.

에이알비전은 가상 및 증강현실 기반 실감형 콘텐츠 전문 기업으로, 지금까지 총 35건의 특허를 출원하고 있다. 집단 훈련, 수류탄 모의 투척 훈련 시스템, 인슐린주사 시뮬레이션 등과 관련한 가상 및 증강현실 특허들이 주를 이뤘다. 이 업체는 대표이사가 국방과학연구소 재직 시절에 개발하고 있던 증강현실 기술을 기반으로 창업한 회사다.

포스트미디어는 문화 예술 관련 AR 및 VR 기업이다. 전부 21건의 특허를 출원하고 있는데, 위치 기반 기술과 파노라마 영상 스트리밍 서비스 등이 가장 많았다. 최근에는 사물인터넷용 통신, 실외 환경에서의 증강현실 제공 방법 등과 관련한 특허들도 출원하고 있다.

거대한 고래도 불러내는
혼합현실
—

기술적 측면에서 가상 및 증강현실 기술을 칼로 무 자르듯 구분하는 것은 쉽지 않다. 게다가 요즘에는 가상 및 증강현실에서 더 나아가 혼합현실에 대한 관심도 뜨거워지고 있다. 혼합현실 개념까지 더해지니 기술 간 경계를 파악한다는 것은 더욱 어렵기만 하다.

혼합현실Mixed Reality, MR이란 현실에 가상의 디지털 콘텐츠를 출력해 덧씌우는 것을 뜻한다. 얼핏 들으면 증강현실 아니냐는 생각도 든다. 차이를 쉽게 설명하자면, 증강현실의 경우 현실은 배경으로만 이용되고 콘텐츠가 그 위에 보이는 형태지만, 혼합현실에서는 가상 콘텐츠가 현실의 책상 위로 올라가거나 실제 벽에 부딪치는 일도 있을 수 있다.

매직리프가 바로 이 혼합현실로 주목을 받고 있다. 혼합현실에 관심 있는 사람이라면 아래 그림을 한 번쯤 본 적이 있을 것이다. 학교 체육관에 모여 있는 학생들 사이에서 갑자기 거대한 고래 한 마리가

매직리프의 혼합현실 예시도 (출처: 매직리프 홈페이지)

튀어나온다. 고래는 너무도 진짜 같고, 고래가 움직이며 튀긴 물도 내가 다 맞을 듯한 기분이다. 그러나 그렇지 않다. 이것이 바로 혼합현실이다.

사실 매직리프는 혼합현실로 주목받고 있지만 특허 명칭에 혼합현실이라는 단어를 포함한 특허는 거의 없었다. 다만 발명의 내용에 혼합현실이라는 단어를 포함하는 특허가 159건이 있다. 매직리프가 출원한 특허의 약 60퍼센트에 해당된다. 그만큼 증강현실, 가상현실, 혼합현실을 구현하는 데 쓰이는 기술에는 복합적인 요소가 많다는 뜻으로 해석할 수 있다.

그렇다면 매직리프가 왜 그렇게 주목받고 있는 것일까? 이 회사는 다른 기업들과 차별화된 구현 방식을 택하고 있기 때문이다. 다른 기업의 경우 HMD의 디스플레이를 통해 가상 콘텐츠를 보게 하고 있지만, 매직리프는 HMD 기기에 부착된 초소형 프로젝터를 통해 사용자의 눈에 직접 3D영상을 투사하는 방식을 사용한다. 따라서 눈의 움직임 및 투사하는 빛의 조절과 관련된 출원이 많았던 것이다. 구체적으로 살펴보면 '눈 이미지 컬렉션, 눈 이미지 조합, 눈 포즈 식별' 등 눈과 관련된 기술들이 다수 출원되어 있음을 확인할 수 있다.

혼합현실에 집중하고 있는 또 다른 기업은 마이크로소프트다. 현재 홀로렌즈Hololens라는 명칭으로 혼합현실 기반의 웨어러블 기기를 출시하고 있다. 마이크로소프트의 최근 특허를 살펴보면, 혼합현실은 단순히 정보가 담긴 화면이나 그래픽을 허공에 출력하는 것만이 아니라 그것을 만지거나 조작할 수 있고, 가상 콘텐츠끼리 서로 영향을 주고받을 수 있어야 하기 때문에 사람과 콘텐츠, 또는 콘텐츠와 콘텐츠 간 상호작용이 필수 요소다. 따라서 사람이 조작했을 때 데이터 처리, 가상 콘텐츠 간 작용 메커니즘 등과 관련한 특허들이 출원되고 있다.

그 외에도 보다 실제와 같은 혼합현실을 위해 다수의 사용자 간 데이터 동기화를 통해 같은 콘텐츠를 볼 수 있게 하거나, 초점 조절을 통한 움직임의 변화에 대한 기술, 사용자의 다양한 감각을 이용한 데이터 처리 및 상호작용 등에 대한 특허들을 출원했다.

다음 그림은 혼합현실 환경에서 두 명 이상의 사용자 서로가 상호작용하는 것은 물론, 가상 콘텐츠의 상호작용도 보여주는 특허 도면이다. 여기에 보이는 점선은 남자 또는 여자의 물리적으로 존재하는 실제 장면을 표시한 것이다. 남자와 연관된 HMD 기기는 혼합현실

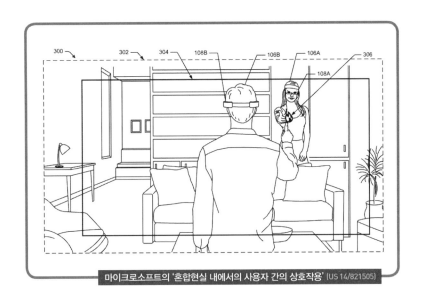

마이크로소프트의 '혼합현실 내에서의 사용자 간의 상호작용' (US 14/821505)

에 마주한 여자의 가상 표현을 렌더링하기 위한 스트리밍 데이터를 수신할 수 있다. 그리고 남자는 어떤 물체를 통한 행위를 HMD를 통해 여자(HMD)와 상호작용할 수 있다. 이와 관련해서 특허에서는 재미있는 예를 들고 있다. 남자는 가상 페인트가 든 총을 여자에게 쏜다. 그러면 상호작용 모듈에 의해 남자가 쏜 위치, 즉 여자의 신체 일부(가상)에 페인트를 표시할 수 있다고 한다.

현실과 가상의 경계를 허무는
가장 중요한 디바이스, HMD

AR/VR 기술을 접목한 게임 등의 콘텐츠가 쏟아져 나오게 된 것은 사용자 머리에 쓰는 고글 형태 기기인 HMD가 나오면서다. HMD는 액정패널, 센서, 렌즈 등을 조합한 기기인데, 이런 기기를 통신 기능을 갖는 기기와 연결함으로써 사용자에게 보다 생동감 있는 영상을 제공한다.

HMD는 외부 시야가 보이는 투과형 HMD와 외부 시야를 완전히 차단하는 비투과형 HMD로 나뉜다. 외부 환경과 사물을 볼 수 있는 투과형 HMD는 주로 증강현실 분야에서 사용되며, 비투과형 HMD의 경우 가상현실 분야에서 많이 활용된다.

주요 HMD 생산 국가인 미국, 일본, 한국에서의 출원 건수를 보면 2000년대 초반까지 일본의 출원이 압도적으로 많았다. 특히 HMD

개발의 초창기인 1990년대에는 이동이 자유롭고 빠르게 정보를 볼수 있는 안경 형태의 투과형 HMD가 많이 연구 개발되었다. HMD의 성능이 가까운 거리의 디스플레이를 크게 볼 수 있는 렌즈의 기술력에 의해 좌우되기 때문에, 당시 광학 분야에 뛰어난 기술력을 지닌올림푸스, 캐논 등 일본 기업들이 개발을 주도한 것이다. 이후에도2012년까지 일본은 한국과 미국에서 출원되는 건수보다 더 많은 출원을 이어갔다.

한편 2000년대 이후 유·무선 데이터의 전송 속도가 점점 빨라짐에따라 가상현실 구현에 필요한 데이터 전송 속도를 감당할 수 있게 되면서, 가상현실을 위한 비투과형 HMD로의 연구 개발이 활발히 이루어지기 시작한다. 가장 출원이 많은 세이코엡손^{Seiko Epson}의 경우,

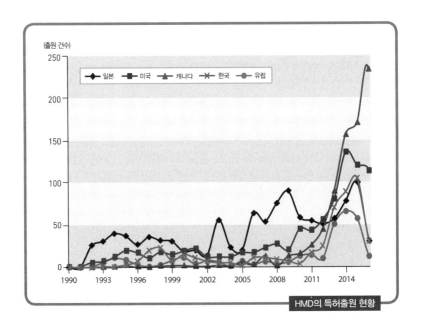

HMD의 특허출원 현황

산업용 AR에 사용되는 투과형 HMD에 포커스를 맞추고 있으나 그 외의 상위 출원인을 보면 비투과형 HMD에 집중하고 있는 기업들이다. LG전자, 소니, 삼성전자, 구글 등이 바로 이에 해당한다.

우리나라의 경우 미국, 일본에 비해 출원 건수는 다소 적다. 특허 출원을 주도하는 기업은 앞서 언급한 것처럼 LG전자와 삼성전자다. 특히 LG전자의 출원 건수가 압도적으로 많아, 삼성전자의 약 두 배에 달한다.

LG전자의 HMD 관련 출원은 2013년과 2014년에 집중되어 있다. 이 시기의 출원을 보면 대부분 투과형 HMD와 관련된 특허들이다. 이는 2012년에 출시된 구글글라스의 영향으로 판단된다. LG전자는 구글글라스에 대응하는 제품 출시를 염두에 두면서 특허를 출원하는 것은 물론, 2013년에는 G글래스라는 상표를 국내에 출원한 바 있다.

중소기업으로는 그린광학이 투과형 HMD 분야의 출원을 이어오고 있다. 그리고 우리나라에 MC스퀘어 열풍을 가져왔던 지오엠씨는 2000년 전후로 HMD용 광학 시스템에 대한 출원이 있었으나 현재는 이와 관련된 출원 활동을 진행하고 있지 않은 것으로 파악된다.

■ HMD 기기의 독특한 본인 인증 방법

삼성전자는 HMD 기기에 대한 독특한 인증 방법과 관련한 특허를 최근 출원했다. 생체 정보 중에서도 두골 형태를 통해 인증하는 방법이다. HMD를 머리에 착용하는 점과 머리 형태도 사람마다 각자 다르다는 점을 활용한 것인데, 명세서에 따르면 장력센서, 압력센서, 응력센서 등을 머리에 닿는 부분에 배치해 사용자의 머리 형태를 측정한다. 즉 전두골, 측두골, 후두골의 크기 등을 말이다. 그리고 마스크처럼 사용자의 안면을 일정 부분 덮는 경우, 마스크 부분에도 센서를 배치해 사용자의 안면 골격도 측정해 사용 권한을 인증할 수 있다. 뿐만 아니라 단순히 한 순간의 머리 형태만을 측정하지 않고, 일정 시간 동안 머리 형태의 특성 값을 연속적으로 측정함으로써 측정치 오차에 의한 인증 실패를 줄일 수 있다.

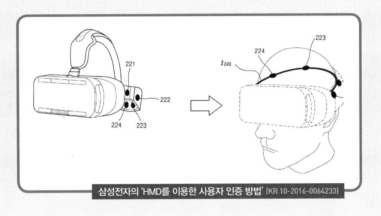

삼성전자의 'HMD를 이용한 사용자 인증 방법' [KR 10-2016-0064233]

HMD가 필요 없는
아마존의 가상 세계

HMD를 사용하지 않고도 증강현실 구현이 가능할 것으로 보인다.

아마존의 특허에서 그 가능성을 확인해볼 수 있었다. 물론 어느 정도 제약도 따른다. 프로젝션을 사용하기 때문에 막혀 있는 공간이어야 한다는 것이다.

특허 내용을 살펴보면 방Room이라는 공간에 카메라, 여러 센서, 프로젝터, 프로세싱 및 메모리 기능을 갖춘 컴퓨팅 장치 등이 필요하다. 프로젝터는 화면을 투사하고, 카메라 및 센서는 사용자의 제스처

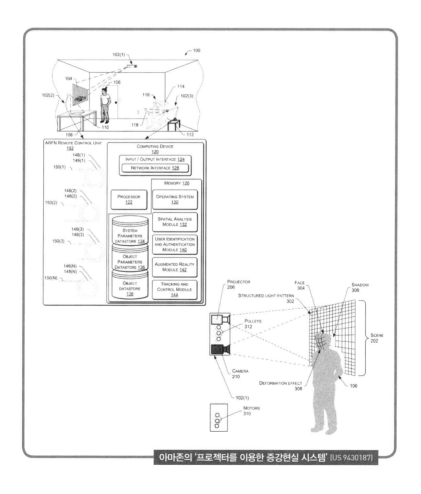

아마존의 '프로젝터를 이용한 증강현실 시스템' [US 9430187]

를 인식하며 기기를 제어하는 데 사용된다. 그림에서 보이는 램프와 천장 위에 설치된 프로젝터가 바로 증강현실을 생성하는 데 사용되는 것이다. 이 램프와 프로젝터에는 카메라 및 컴퓨팅 장치가 포함된다. 특히 천장에 설치된 프로젝터는 벽 표면 스크린에 투사한다. 그리고 사용자는 벽에 투영된 이미지를 보고 제스처를 취할 수 있는데, 이때 천장의 프로젝션이 그 움직임을 포착하는 역할을 한다. 책상에서도 그리고 뒤에 의자에 앉아 있을 때도 동일한 방법을 통해 혼합현실을 구현할 수 있다.

제스처 인식 기술:
가상의 공간에서 느껴라

▬

사용자의 3차원 거리 정보를 확보하는 기술과 자세 및 제스처를 파악하는 등의 제스처 인식 기술이 발전함에 따라 게임을 보다 실감나게 즐기게 되었다. 마이크로소프트의 키넥트 센서, 소프트키네틱 SoftKinetic의 댄스 게임 등이 바로 이러한 제스처 인식 관련 기술이 적용된 사례다.

마이크로소프트의 키넥트 센서는 Xbox 360과 연동되어 사용자를 직접 움직이게 함으로써 게임에 참여시킨다. 예를 들어 친구와 함께 '허들 넘기' 게임을 한다고 하자. 화면을 보며 허들을 직접 뛰어넘는 동작을 취하면서 달리는 모션을 통해 게임의 승패를 가리는 것이다.

제스처 인식과 관련해서 미국에 출원된 특허는 약 1,600건가량이다. 가장 많이 출원하고 있는 기업은 삼성전자다. 그다음으로 마이크로소프트, 인텔, 소니, 퀄컴, 구글, 애플 등의 순이다. 출원된 특허를 보면 휴대용 기기에서의 제스처 인식과 관련한 특허들이 주를 이룬다. 휴대용 기기가 작다는 속성 때문에 입력 등의 오류가 발생하기 쉽다 보니 기업들은 이러한 문제 해결을 위한 연구 개발에 초점을 맞추고 있는 것이다. 가장 출원이 많은 삼성전자도 이에 초점을 맞추고 있다. 몸짓 인식에서 오류를 검출하는 방법, 측정 정밀도를 개선하기 위한 방법, 움직임의 제어 방법 등과 관련한 특허들이다.

구글도 동일하다. 작은 디바이스에서의 제어와 관련된 제스처 인식 특허를 출원하고 있다. 예를 들어 '웨어러블 디바이스를 통한 레이더형 제스처 인식'이라는 특허의 경우 레이더 기반 제스처 인식 시스템이 웨어러블 기기에 내장되어 있어, 기존과 달리 사용하기 쉬운 인터페이스를 제공한다. 레이더 제스처 인식 시스템은 사용자 손등 위에 레이더 필드를 제공한다. 그림을 보면 웨어러블 기기의 화면보다 사용자가 선택할 수 있는 영역이 넓다는 사실을 알 수 있다.

또한 이 장치는 웨어러블 기기의 인터페이스에 국한되지 않고, 착용 장치가 아닌 기기에서도 사용할 수 있다. 예들 들어 스테레오상의 볼륨을 제어하거나 텔레비전에서 재생되는 영화를 일시 정지시키거나 데스크탑 컴퓨터의 웹 페이지를 선택하는 등의 행위에도 적용할 수 있다. 현재 이 특허는 일본, 한국, 중국, 유럽 등에도 특허가 출원되어 있다.

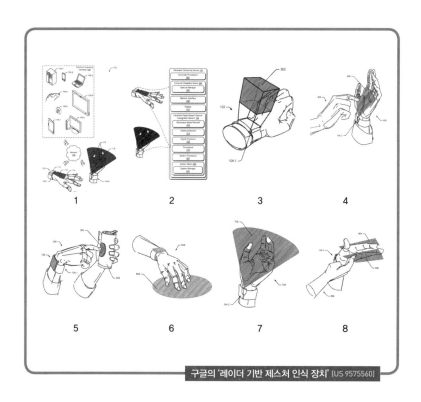

립모션은 2010년에 설립된 이후 2012년부터 지금까지 지속적으로 가상공간에서의 인터페이스와 관련된 특허출원을 이어오고 있다. 특히 손짓이나 동작을 인식해 작업할 수 있는 '3D 입력', '3차원 움직임 캡처', '동작 인식 센서', '카메라' 등과 관련한 출원이다.

립모션이 출원한 특허 중 가상 및 증강현실 환경에서 현실적 그랩 Grab(물건을 잡는 기계나 장치) 경험을 생성하는 시스템 및 방법이라는 특허가 있다. 2015년에 출원한 특허로 3차원 감각 공간에서 다양한 제스처를 인식하고, 제어 대상에 대한 3D 모델을 생성해 가상 물체를 사용자의 손동작에 따라 움직여 변화를 만들어낸다. 조이스틱이나 장갑 등 어떤 도구도 사용하지 않고, 오로지 사용자가 현실에서 손을 움직이듯 투시 기능을 통해 가상 물체를 손으로 제어한다. 하단 왼쪽 그림은 HMD에 부착된 모션 센서를 활용해 가상 및 증강현실에서 사용자가 상호작용할 수 있음을 보여주며, 하단 오른쪽 그림은 3차원 감각 공간에서 두 손의 실제 모션을 통해 가상 물체를 다루는 모습을 보여준다.

이 특허는 기존에 출원된 여러 특허의 결합을 통해 구현되고 있다. 총 34건의 특허로 HMD에 모션 캡처 장치를 연결시키기 위한 어댑터, 3차원 공간에서 모션을 캡처하기 위한 시스템과 방법, 가상공간에서 제스처를 제어하거나 커뮤니케이션하는 방법 등의 특허가 포함되어 있다.

그 밖에도 3D움직임 인식률 향상을 위한 카메라, 가상공간에서 의미 없는 제스처의 구분, 모션 캡처 시스템의 전력 소비 감소 기술 등 VR 기기 등에서 동작 인식 인터페이스와 관련된 기술들을 계속 출

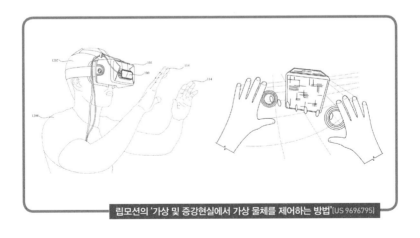

립모션의 '가상 및 증강현실에서 가상 물체를 제어하는 방법'[US 9696795]

원하고 있다. 게다가 립모션은 삼성전자, SK텔레콤, 퀄컴 등과 협력하며 가상현실 기기에 최적화된 동작 인식 관련 센서 및 솔루션 등을 개발하고 있어, 향후 공동 출원에 있어서도 주목해볼 만하다.

우리나라에서 가상현실이나 증강현실과 관련된 동작 인식 기술에 대해 연구하는 기업 중 특허출원 활동이 있는 기업은 올림플래닛, 유즈브레인넷, 매크론, 이더블유비엠eWBM 등이 있다.

올림플래닛은 3D 기술을 이용한 VR 부동산 마케팅 솔루션을 제공하는 기업으로, 최근 손동작을 이용해 가상현실 내 시스템 및 오브젝트를 제어하는 기술에 대한 2건의 특허를 등록받았다.

유즈브레인넷의 경우 사업 영역인 스마트 기기 관련 솔루션과 연관해 가상공간에서의 무선 컨트롤러, 인터페이스 디바이스 장치, 움직임 인식 관련 기술 등에 대한 특허출원을 이어오고 있다.

동작 인식 솔루션을 기반으로 하는 매크론은 스마트폰의 카메라를 통해 손동작을 이용한 가상 마우스 기술과 웨어러블 디스플레이에서의 손을 이용한 동작 인식 및 입력에 대한 기술을 2010년부터 출원해 오고 있다.

팹리스Fabless(반도체를 생산하는 공장 없이 반도체 설계와 판매만을 전문으로 하는 회사) 기업인 이더블유비엠은 AR/VR 영상에 핵심이 되는 영상에서의 정보처리 관련 기술을 꾸준히 연구 개발 중이다. 최근에는 영상에서의 윤곽선 추출, 깊이 정보 추출 기술 등 동작 인식과 AR/VR 영상 처리에 대한 핵심 기술의 특허출원이 공개되어 관계자들이 관심을 갖기도 했다.

다양한 분야를 넘나드는
AR/VR 기술들
—

▣ 게임-포케몬고 AR vs 플레이스테이션 VR
:

최신 기술을 적용한 RPG^{Role Playing Game}(사용자가 게임 속 캐릭터들을 연기하며 즐기는 역할 수행 게임) 게임들이 치열하게 경쟁하는 가운데 신선한 아이템으로 대중을 사로잡은 게임이 있다. 2016년 국내에 출시된 닌텐도의 포케몬고다. 물론 지금은 포케몬고의 사용자가 많이 줄었지만 증강현실 기술을 적용한 게임 콘텐츠의 가능성을 보여줬다는 점에서 그 의미는 크다.

포케몬고는 잘 알다시피 사용자가 움직이면서 플레이를 한다는 발상과 인기 캐릭터인 닌텐도의 포켓몬스터 콘텐츠가 합쳐진 게임이다. 그리고 실세계에 가상 물체를 겹쳐서 보여주는 증강현실이라는 기술이 적용된 게임이기도 하다.

그러나 게임에 적용된 증강현실 기술은 닌텐도의 것은 아니었다. 미국 증강현실 게임 회사인 나이언틱^{Niantic}이 보유한 기술을 적용한 것이다. 현재 나이언틱이 권리자로 되어 있는 특허는 모두 7건이며 전부 2013년에 출원되었다. 특히 이들 특허 중 2건은 출원인이 구글이다. 나이언틱이라는 회사는 2010년 구글 사내 벤처로 출발했으며, 구글의 지도 기술을 활용해 게임 서비스를 개발하기도 했다.

그렇다고 해서 닌텐도에 증강현실 관련 특허가 아예 없는 것은 아니다. 이미 2004년에 게임기의 카메라로 촬영된 데이터를 바탕으로 아이템을 입수하는 시스템을 출원했다. 그리고 2010년 이후에도 증강현실 구현에 필요한 기술의 출원을 이어오고 있다. 카메라를 이용

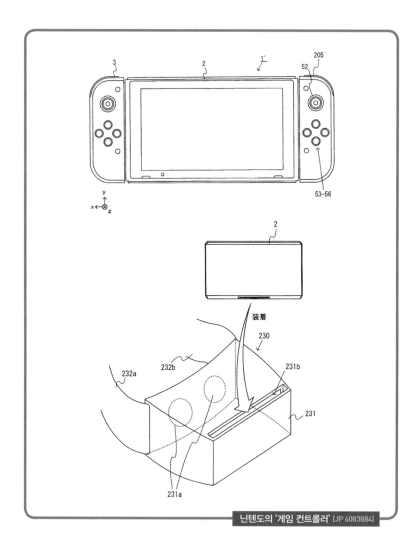

닌텐도의 '게임 컨트롤러' [JP 6083884]

해 촬영된 이미지로부터 생성된 이미지 간의 입체적 처리 기술이나, 사용자가 가상 물체를 쫓는 행위로부터 화면에 표시되는 시점과 사용자 시점 사이에 어긋남이 발생했을 때의 불쾌감을 감소시키는 것과 관련한 특허들이다.

2017년 2월에는 지지장치, 충전장치 및 조작 시스템이라는 명칭으로 등록된 특허가 있다. 여기에 제시된 도면과 설명에 따르면, 스위치 장치에서 분리한 본체를 HMD 기기에 끼어 넣어 사용자가 머리에 장착함으로써 영상을 볼 수 있다.

그리고 가속도 센서 및 각도 속도 센서를 내장하고 있어 자신의 움직임을 파악할 수 있고, 가상 카메라의 시선 방향을 자세에 따라 변화시킬 수 있다. 이 특허는 미국에 11건, 일본에 12건, 유럽에 6건 등 총 34건의 특허가 패밀리를 형성하고 있다.

이번에는 가상현실을 적용하고 있는 게임사를 살펴보자. 바로 소니다. 소니는 증강현실보다는 가상현실 분야에 역량을 집중하고 있다. 여타 게임사들이 모바일 플랫폼에 눈을 돌릴 때 소니는 한발 앞서 VR 시장에 발을 내디뎠다.

소니는 2008년부터 가상현실 게임을 위한 HMD와 관련된 특허를 출원하기 시작했다. 현재까지 일본에 약 50건, 미국에 약 80건의 HMD 관련 특허를 출원했다. 단순히 보는 것에 그치지 않고 직접 가상공간 속 물체를 만질 수 있는 장갑 형태의 컨트롤러와 관련한 특허도 출원하는 등, 지속적으로 가상현실 분야에 투자하고 있다.

소니의 VR 장갑은 플레이스테이션 시리즈에 적용할 수 있으며, 또 다른 콘솔 게임에도 적용할 수 있다. 이 장갑은 비디오 게임에서 상호작용을 돕는데, 사용자의 손가락 굽힘 정도를 측정하는 플렉스 센서와 손가락이나 손바닥에 압력이 가해질 때 검출할 수 있는 압력 센서를 포함한다. 또한 손가락과 손가락 간 접촉을 식별하는 접촉 센서

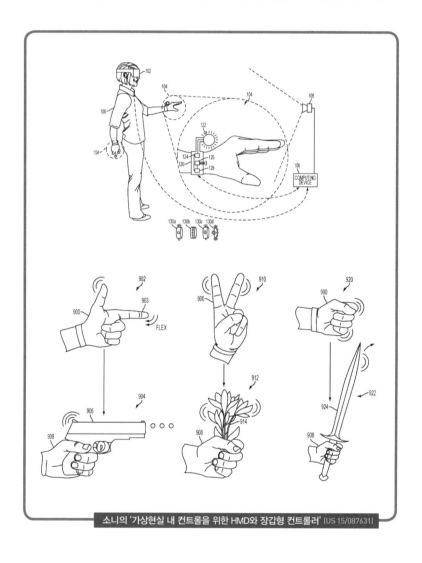

소니의 '가상현실 내 컨트롤을 위한 HMD와 장갑형 컨트롤러' [US 15/087631]

에 의해 데이터를 생성할 수 있다. 이를 통해 접촉에 대한 힘을 정량화한다. 따라서 권총을 손에 쥐는 행위, 칼을 잡거나 꽃을 잡는 행위 등과 같이 게임에서 일어날 수 있는 행위가 가능하다.

☑ 영화 - ILM, VFX, 4D 그리고 디즈니
:

○ ILM, 루카스필름 특허

사람의 감각을 자극한다는 점에서 3D와 4D도 박진감 넘치는 영화 관람을 돕지만 VR 기술을 접목한 영화는 어떨까? 현재 실험적으로 짤막한 VR 영상이 하나둘씩 제작되고 있다. 머지않은 장래에 VR 영화 및 애니메이션도 만나볼 수 있지 않을까 싶다.

2017년 칸 국제영화제에서는 〈레버넌트: 죽음에서 돌아온 자〉의 감독인 이냐리투A. G. Inarritu가 특수효과 스튜디오인 ILMIndustrial Light & Magic과 손잡고 제작한 VR 영상 〈Came Y Arena〉가 공개되었다고 한다. 〈육체와 모래〉라는 제목으로 출품되었고, VR 영상으로서 좋은 평가를 받은 모양이다. ILM은 미국 영화 제작사이자 월트디즈니의 자회사인 루카스필름에 소속된 VFXVisual Effects - Special Effects 스튜디오다. 현재 ILM은 가상현실 기술을 접목한 〈스타워즈〉를 제작하고 있다.

VR 〈스타워즈〉의 시나리오를 담당하고 있는 데이비드 고이어David S. Goyer는 다음과 같이 말했다.

"관객은 이 스토리의 손님이 돼서 물건을 잡을 수도 있고, 열 수도 있고, 걸으며 캐릭터를 만질 수도 있다."

ILM의 이름으로 미국에 출원한 특허는 3건으로 나타나는데, 해당 특허 모두 권리자가 루카스필름으로 파악된다. 현재 루카스필름으로 미국에 출원된 특허는 총 149건이며, 출원 특허의 주요 기술은 흔히 CG^Computer Graphics라는 컴퓨터로 만들어낸 이미지 또는 영상에 관한 기술들이다.

루카스필름의 컴퓨터 그래픽과 관련해 출원한 특허는 크게 두 가지 형태로 나눠볼 수 있다. 첫 번째는 컴퓨터 그래픽으로 만든 물체나 캐릭터들을 현실에서와 같이 자연스럽게 보이거나 움직일 수 있도록 하는 기술이며, 두 번째는 컴퓨터 그래픽을 이용해 현실에서 볼 수 없는 움직임 등을 변형, 연출하는 기술이다.

모션 캡처, 역학에 따른 유체의 움직임, 가상공간 내에서의 물체 간 충돌에 관한 기술 등을 통해 컴퓨터로 만들어진 캐릭터가 실제 사람처럼 움직이도록 할 수 있다. 그리고 가상공간에서 가상 카메라의 움직임, 이미지의 변형, 2차원에서 3차원으로의 변화 같은 기술로, 현실에서 일어날 수 없거나 보기 힘든 영상을 컴퓨터 그래픽을 통해 표현할 수 있게 한다. 우리가 최근 마블 영화, 판타지 등 높은 수준의 영화를 실감나게 볼 수 있는 것도 ILM 등과 같은 특수효과 스튜디오가 보유한 이러한 기술력 덕분이다.

○ **국내 VFX 특허**

근래에 제작된 영화에서는 CG가 차지하는 비중이 50퍼센트가 넘는다고 한다. 그만큼 VFX스튜디오들의 역할이 크다. 그러나 모든 VFX

기업들이 ILM이 소속된 루카스필름과 같이 특허출원에 적극적인 것만은 아니다. 〈반지의 제왕〉, 〈킹콩〉, 〈아바타〉, 〈혹성 탈출〉 등을 제작한 웨타 디지털Weta Digital이나, 〈해리포터〉, 〈나니아 연대기〉 등을 제작한 MPC 등의 특허출원 활동은 찾아볼 수 없다. 이들 스튜디오는 개발한 기술과 소프트웨어를 공개하지 않고 노하우로 관리하는 쪽을 선택하고 있는 듯하다.

우리나라도 마찬가지다. 국내 VFX 스튜디오로 가장 잘 알려진 덱스터DexterStudios의 경우 단 1건의 특허도 출원하지 않았다. 덱스터는 〈미스터고〉, 〈적인걸2〉, 〈해적〉 등의 영화에서 시각 특수효과를 담당한 기업이며, 2015년도 코스닥 상장사이기도 하다. 덱스터 외에 국내 주요 VFX 스튜디오로는 디지털아이디어Digitalidea, 매크로그래프Macrograph, 모팩앤알프레드Mofac&Alfred, 포스크리에이티브파티4th Creative Party가 있는데, 매크로그래프가 15건, 디지털아이디어가 1건을 출원한 것이 고작이다.

영화 제작이 아니라 극장용 시스템, 즉 영화의 특수 상영관 서비스를 통해 영화 관람의 새로운 지평을 여는 곳도 있다. 바로 씨제이포디플렉스CJ 4D Plex다. CJ CGV로부터 분사한 기업이지만 기업명 자체는 아직까지 그리 널리 알려져 있지 않다. 그러나 CJ CGV 영화관의 4D상영관이라면 누구나 한 번쯤은 체험해보지 않았을까? 3D영화에 더해 진동, 모션, 물, 바람 등 색다른 체험이 가능하다. 이는 씨제이포디플렉스가 출원하고 있는 특허의 도면만 봐도 어느 정도 짐작 가능하다.

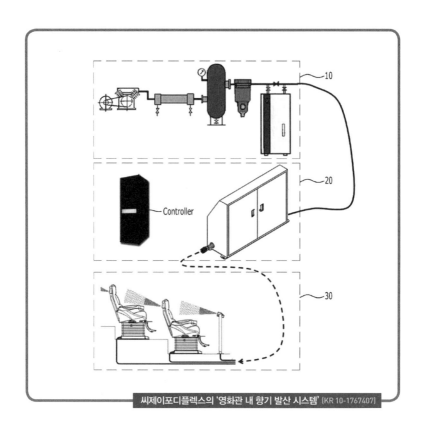

　씨제이포디플렉스는 지금까지 국내에만 28건의 특허를 출원하고 있다. 특수효과 의자 시스템, 모션 체어 시스템, 향기 발생 장치 관련, 물 분사 등 특수효과 기반 실감 상영 시스템과 관련한 특허들을 집중 출원하고 있다. 뿐만 아니라 미국, 일본, 중국, 유럽을 비롯한 해외에도 약 60건의 특허를 출원하고 있다. 특허 또는 실용신안의 해외 출원 절차를 통일하고 간소화하기 위해 발효된 다자간 조약인 특허협력조약PCT, Patent Cooperation Treaty을 포함할 경우 약 80건에 이른다. 특히 가장 많은 특허를 출원하고 있는 곳은 미국으로 총 11건의 특허

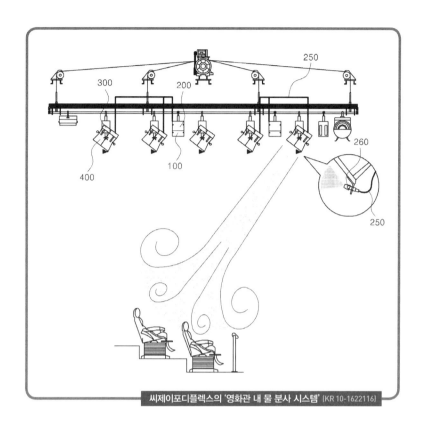

씨제이포디플렉스의 '영화관 내 물 분사 시스템' [KR 10-1622116]

가 출원되었다. 이처럼 씨제이포디플렉스가 해외 출원에 관심을 보이는 이유는 4D상영관의 해외 진출을 뒷받침하기 위함으로 판단된다.

○ **영화에서 빼놓을 수 없는 기업, 디즈니**

디즈니의 창업자 월트 디즈니는 이런 명언을 남겼다.

"상상력이 남아 있는 한 디즈니랜드는 결코 망하지 않는다."

창업 초기부터 이어온 상상력을 현실로 만들기 위한 디즈니의 혁신은 캐릭터 창작과 영상 제작에 국한되지 않는다.

디즈니는 1939년 최초로 특허를 출원하기 시작했으며, 현재까지 2,854건의 특허를 출원하고 있다. 그중 90퍼센트에 달하는 특허가 2000년대 이후 출원된 특허로 파악되었다. 특히 2010년 전후로 특허 출원이 매우 활발함을 알 수 있다. 여기에는 〈토이 스토리〉로 대표되는 애니메이션 스튜디오 픽사, 〈아이언맨〉을 비롯한 히어로들의 집합소인 마블 스튜디오, 〈스타워즈〉로 대표되는 루카스필름 등의 인수로 인한, 이들 기업이 보유한 특허가 한몫한 것으로 보인다.

2000년 이후의 디즈니가 핵심으로 출원한 분야는 애니메트로닉스 Animatronics로 나타났다. 이는 미디어 및 엔터테인먼트 콘텐츠 제작과 테마파크를 운영하고 있는 디즈니의 특성을 잘 보여준다. 디즈니는 디즈니랜드를 비롯한 리조트 및 테마파크를 통해 관람객에게 보다 현실감 있는 허구의 세계를 구현할 뿐 아니라, 영화를 제작할 때에도 단순한 특수효과나 3D만으로 표현할 수 없는 것들을 기계적으로 구현해내는 장소로 활용하고 있다. 공룡 애니메트로닉스 특허가 바로 여기에 해당한다. 공룡과 같은 형상물의 운동 방법을 모방하거나 사람의 눈동자나 표정, 동작 등을 모방하고 그것을 기계적으로 구현하는 방법을 제시한다.

그 밖에 애니메트로닉스에서 고도로 발전한 로봇 기술이나 영상·3D 관련 기술 외에 드론이나 가상현실과 관련된 특허도 다수 보유하고 있다. 특히 디즈니가 드론 특허를 보유하고 있다는 사실이 다소 의외라고 생각할 수 있지만, 드론의 사용처는 무궁무진하다. 디즈니는 2014년 여러 개의 드론 특허를 한꺼번에 출원했는데, 에어 쇼,

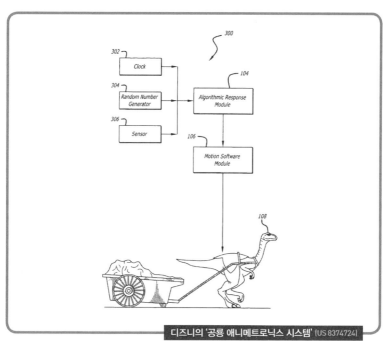

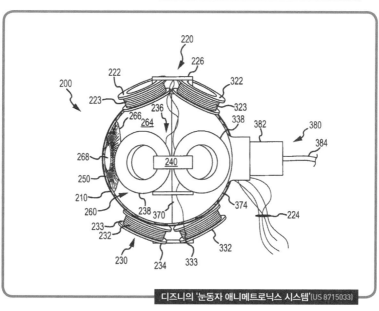

에어 디스플레이를 위한 드론 동기화 제어, 떠 있는 픽셀을 가진 공기의 디스플레이 시스템, 공수되는 장치에 의해 명료하게 표현되고 지원된 꼭두각시를 가진 공기의 디스플레이 시스템, 떠 있는 투사 스크린을 가진 공기의 디스플레이 시스템 등이다.

그리고 2015년에는 이들 특허를 개량한 특허들을 출원하고 있다. 공중에 떠 있고 이동하는 픽셀을 가진 에어디스플레이로, 이 특허는 드론에 디스플레이 광원과 장치를 싣고 올라가 공중에서 에어 쇼, 에어 디스플레이 등을 구현하는 것이다. 이러한 디즈니의 드론 특허들은 디즈니 테마파크 쇼나 콘서트 등에서 무인기들이 인형을 움직이게 하거나 디스플레이 여러 대로 움직이는 영상 등을 하늘에 펼치기 위함인 듯하다.

디즈니는 가상현실 관련 특허도 출원하고 있다. 1997년부터 테마파크 내 가상현실 체험관인 '디즈니 퀘스트' 개관을 시작으로 콘텐츠와 가상현실을 접목해왔다. 최근 10년간(2007~2016년) 127건의 가상현실과 직접적으로 연관되는 특허를 출원하고 있는데, 가상현실에 사용되는 3D영상 처리 기술이나 시청각 및 촉감을 이용한 콘텐츠 재생 기술과 관련한 특허를 다수 보유했다.

디즈니는 다른 콘텐츠 제작사보다 특허출원에 적극적이다. 보유한 기술 또한 매우 다양하다. 게다가 요즘은 M&A 및 스타트업 투자에도 적극적이다. 2016년 디즈니가 초기 유망 기업으로 선정한 스타트업 기업은 총 9곳으로, 그중에는 사람과 비슷하게 생긴 로봇을 만드는 기업인 핸슨 로보틱스Hanson Robotics, 영화 제작을 위한 가상현실 기

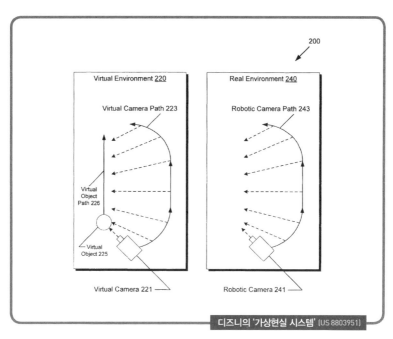

디즈니의 '가상현실 시스템' [US 8803951]

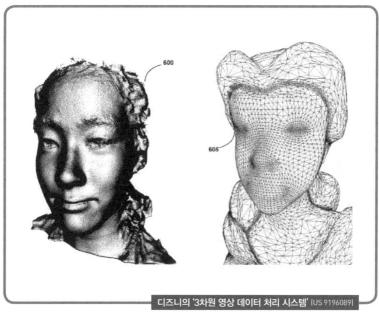

디즈니의 '3차원 영상 데이터 처리 시스템' [US 9196089]

술 개발 기업인 전트Jaunt, 홀로그램 비디오와 VR콘텐츠만 전문으로 제공하는 오토이Otoy 같은 기업이 포함되어 있다.

③ 일상-스포츠, 놀이기구, 쇼핑, 교육까지
:

○ 스포츠와 놀이기구의 진화

스포츠나 놀이기구에도 AR/VR 기술들이 속속 적용되고 있다. 다음 그림은 미국 유니버셜의 특허 도면이다. 2014년도에 '증강현실 및 가상현실 이미지 생성 시스템 및 방법'이라는 명칭으로 출원한 것으로, 가상현실을 놀이기구에 적용함으로써 놀이기구를 타는 동안 탑승객은 스릴을 만끽할 수 있다. 이 역시 HMD 기기의 착용을 통해 경험할

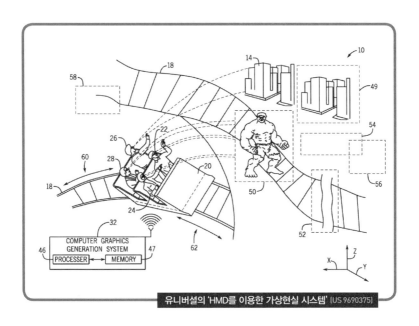

유니버셜의 'HMD를 이용한 가상현실 시스템' (US 9690375)

수 있는데, 카메라는 탑승객이 바라보는 주위를 인식하고 위치 센서는 놀이기구와 이용자의 위치를 파악한다. 그리고 수집한 정보를 통해 트랙에 따라 괴물과 같은 가상 캐릭터를 보여주는 형태다.

　헬스장 안에 부착된 자전거에도 새 바람이 불고 있다. 자전거를 타고 운동하다 보면 누구나 느끼는 지루함이 있다. 이를 떨쳐버릴 수 있도록 텔레비전 등도 설치해놓지만 지루함을 완전히 달래지는 못한다. 아래 그림은 버줌VirZOOM이라는 기업이 출원한 특허다. 자전거와 VR기기를 연결한 것이다. 자전거에 내장된 센서가 페달과 뒷바퀴 속도, 핸들 회전각 등을 측정하고, 머리 움직임은 VR기기가 파악한다. 그리고 수집된 데이터는 게임에 즉시 반영되는데, 페달을 빨리 밟으면 VR 속 화면도 빠르게 움직이는 방식이다. 그리고 자전거 핸들에는 여러 버튼이 부착되어 복합적 게임 조작을 지원하는 형태다.

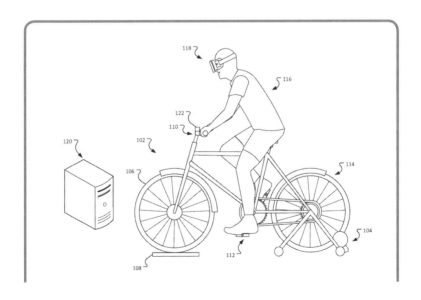

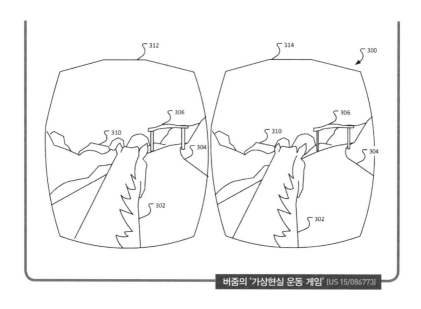

버줌의 '가상현실 운동 게임' (US 15/086773)

○ **쇼핑의 신세계**

쇼핑에도 변화의 바람이 불고 있다. 매직리프가 출원한 특허를 보면, 쇼핑의 시작에서부터 돈을 지불하는 마지막까지의 일련 과정에 가상 및 증강현실이 어떻게 쓰일 수 있는지 보여주고 있다. 매직리프가 보여준 가상 및 증강현실을 활용한 쇼핑의 몇 장면을 소개한다.

다음의 상단 왼쪽 그림은 쇼핑카트가 사용자 손을 인식하면 사용자의 장바구니 위치를 결정한다. 그리고 자동으로 일련의 관련 애플리케이션을 실행한다. 상단 오른쪽 그림은 AR 시스템이 식품 목록을 자동으로 업데이트하는 모습을 보여주는 이미지다. 주변 식료품 목록도 보여준다.

하단 왼쪽 그림은 엄마가 특정 시리얼을 선택한 경우, 가상 프레젠테이션을 통해 추가 정보를 살펴볼 수 있음을 보여준다. 제품 리뷰, 영양 정보 등을 살펴볼 수 있다. 또 다른 흥미로운 상황은 바로 그다음 하단 오른쪽 그림인데, 특정 아이템에서 애니메이션 캐릭터가 툭 튀어나와 해당 아이템과 관련한 가상 쿠폰 등을 보여준다. 한마디로 마케팅 방법으로 가상현실이 활용될 수 있음을 보여주고 있다.

다음은 가구 쇼핑에서도 변화를 맞이할 수 있음을 보여주는 특허

매직리프의 '증강현실 쇼핑 시스템 1' [US 14/707513]

매직리프의 '증강현실 쇼핑 시스템 2' [US 14/707513]

들이다. 2015년에 애플이 출원한 특허와 2016년 마이크로소프트가 출원한 특허인데, 기술적인 차이는 존재하겠지만 구현되는 모습은 유사하다.

최근에 출원된 마이크로소프트사의 특허로 살펴보자. 디스플레이를 통한 제품의 증강 및 광고 방법으로, 제품과 환경 정보를 HMD를 통해 증강현실로 볼 수 있다. 착용자가 관심 가질 만한 제품에 대한 광고, 재고, 가격 및 기타 정보가 포함된다. 착용자의 행동 및 착용자의 정보에 따라 관심이 추려지기 때문에 이를 통해 더 나은 구매를 촉진한다. 증강현실에서 보여지는 정보는 착용자가 가게에서 쇼핑하는 동안 중요한 제품 정보에 쉽게 접근할 수 있을 뿐만 아니라, 가상 렌더링을 통해 착용자의 집에서 아이템이 어떻게 보일지를 보여준다.

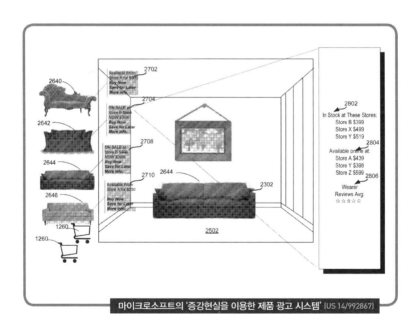

마이크로소프트의 '증강현실을 이용한 제품 광고 시스템' (US 14/992867)

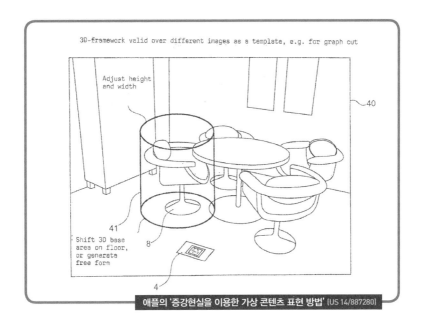

애플의 '증강현실을 이용한 가상 콘텐츠 표현 방법' (US 14/887280)

○ 교육의 혁명

교육과 관련해서도 가상 및 증강현실 기술이 사용될 수 있다. 여기에서는 아동용 책에 증강현실 기술을 접목한 특허를 소개할까 한다. 책의 페이지를 넘기면 그림이 튀어나온다. 대화형 책으로 출원된 구글의 특허로 스토리텔링 장치라고 표현하고 있다. 종이책에 광원, 비디오 프로젝터, 페이지 센서, 터치센서, 마이크로폰 등이 설치되어 있어, 페이지를 넘길 때 이미지가 튀어나온다. 이 책의 경우 앞서 설명한 아마존의 증강현실 기술처럼 특별히 전용 안경 없이 사용할 수 있다.

또 다른 특허는 발명자 명칭으로 출원된 특허다. 이 특허의 경우는 이미 출판된 종이책에 사용할 수 있는 증강현실 시스템과 관련된 특허다. 사용자는 휴대전화기, 태블릿 PC 등과 같이 카메라, 디스플레이, 프로세싱, 통신 수단 등을 갖는 전자기기에 탑재된 애플리케이션을 활용해 종이책의 페이지를 보면서 증강현실을 볼 수 있다. 증강현실 시스템은 책의 각 페이지에 대한 미디어를 데이터베이스화해 저장한다. 그리고 특정 페이지와 연관된 미디어는 통신 수단을 이용해 사용자의 전자기기로 전송되는 구조다. 저장된 미디어 데이터에는 애니메이션, 비디오, 그림, 그래픽, 이미지 등을 포함하는데, 사용자에 의해 생성 가능하며 저장도 가능하다. 더 나아가 이러한 이미지 등을 아바타로 만들 수 있다. 그리고 이 아바타는 터치스크린, 키보드, 장치 이동, 사용자의 동작 등 다양한 인터페이스를 통해 상호작용할 수 있다.

이처럼 가상현실 및 증강현실에 관한 특허들을 보고 있노라면, 인간은 상상할 수 있는 모든 것들을 하나하나 실현해가고 있다는 생각

구글의 '증강현실을 이용한 책'[US 14/591751]

마조리 넵의 '증강현실 기기를 이용한 책' [US 14/991755]

이 든다. 예전에 삼성과 애플 간 특허 소송에서 삼성이 애플의 디자인 특허가 무효라는 것을 입증하기 위해 SF 영화의 원작을 사례로 제시했다는 사실은 익히 알고 있을 것이다. 삼성은 1968년 스탠리 큐브릭 감독이 제작한 영화 〈2001년 스페이스 오디세이〉의 한 장면 중 태블릿 PC와 유사한 기기를 들고 있는 모습이 나온다며, 애플의 특허에 독창성이 결여된다고 주장한 바 있다. 중요한 점은 이 영화가 삼성과 애플의 소송이 벌어지기 43년 전 만들어졌다는 사실이다. 그리고 영화 속의 바로 그 장면은 현재 우리의 모습이기도 하다. 우리는 지금 버젓이 태블릿 PC를 사용하고 있지 않은가? 언제가 될지 모르겠지만 우리는 영화 〈마이너리티 리포트〉처럼 또는 〈어벤저스〉의 한 장면처럼 3차원 영상을 공중에 띄워놓고 뭔가를 보고 있을지도 모르겠다.

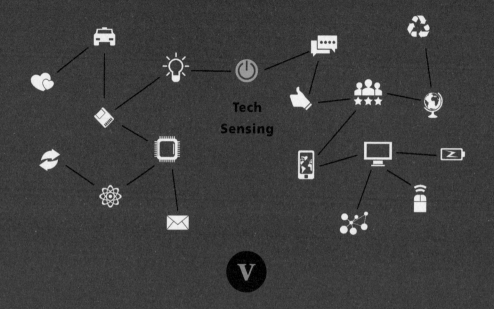

Tech
Sensing

Ⅴ

디지털 금융

핀테크, 가상화폐, 블록체인 혁명

**Tech
Sensing**

은행에 돈을 맡기고 찾는 일 또는 누군가에게 송금하는 일은 얼마 전까지만 해도 은행에 직접 가지 않으면 할 수 없었다. 그러나 1990년 현금지급기라는 ATM^Automatic Teller's Machine이 한국에 처음 도입되었을 때 느꼈던 그 편리함은 실로 놀라운 것이었다.

그러나 이것도 잠깐이었다. 1990년대 후반에 이르러 더욱 편리한 시스템이 도입되었다. 바로 인터넷 뱅킹이다. 회사에서든 집에서든, 아침이든 밤중이든 은행 창구에 가지 않아도 자유롭게 금융 업무를 보게 된 것이다. 인터넷의 발전은 금융 생활도 획기적으로 변화시켰다.

불과 20여 년 전만 해도 이 같은 인터넷 뱅킹의 편리함을 그 누가 상상이나 해봤을 것인가? 2007년에는 여기서 한 걸음 더 나아가 애플의 아이폰이 등장하면서 금융 생활에 또 한 번의 큰 혁신이 일었다. 초고속 인터넷의 등장으로 PC를 통해 누렸던 금융의 편리함을 이제는 스마트폰을 이용해 언제 어디서나 누릴 수 있는, 모바일 금융

시대로 접어든 것이다.

모바일 금융은 이제 시작에 불과한 만큼 앞으로 경쟁이 더욱 치열해질 것이다. 그리고 IT 기술을 적극 활용하게 된 이상 특허출원에도 관심을 갖지 않을 수 없게 되었다. 특허관리 전문회사NPE인 인텔렉추얼벤처스Intellectual Ventures는 2011년 미국 최대 신용카드 회사인 아메리칸 익스프레스와 체결한 라이선스 협약을 바탕으로, 2013년에 뱅크오브아메리카, JP모건체이스J.P. Morgan Chase & Co, 캐피털원CapitalOne 등 13곳의 대형 금융기관에 특허 소송을 제기했다. 이러한 전자금융 관련 특허 소송은 2002년 42건에서 2013년 248건으로 약 6배나 증가했다. IT 기술이 금융에 적극 활용될수록 이러한 분쟁 위험성은 더욱 높아질 수밖에 없다.

최근 출범한 카카오뱅크 등 인터넷 전문 은행은 어떤가? IT를 기반으로 운영되는 은행이니 만큼 향후 각종 분쟁에 휘말릴 소지가 더욱 크다. 이번 장에서는 금융기관들의 특허출원 현황을 두루 살펴보고자 한다. 우선 선진국 금융기관의 특허출원 동향을 시작으로, 국내에서의 움직임을 함께 들여다보자.

인간 vs 기술?
글로벌 금융기관의 특허들
━

글로벌 금융기관이 미국에 처음 특허를 출원한 것은 1974년으로 파악된다. 뱅크오브아메리카에 의해서인데, '문서 운송 및 시스템 Document Transport and System'과 관련된 것이었다. 이후 1990년대 중반까지 한두 건의 특허만 출원되었고, 1990년 후반까지도 평균 20건 안팎의 특허가 출원되는 데 머물렀다.

1990년대까지 출원된 특허들의 가장 큰 특징은 ATM 기기 등의 단말기 그리고 해당 기기에 대한 보호 시스템과 관련한 것이 대부분이라는 것이다. 물론 당시 ATM 기기는 금융업에서 혁신적인 발명품이었으며, 이러한 기기의 등장은 사용자에게 편리함을 제공해주었다. 그러나 지금의 모바일 금융 서비스를 생각한다면 어디까지나 금융기관 내부의 효율화를 비롯한 수익 극대화를 추구하기 위한 보조 수단이었다.

어떻게 보면 당연한 일이다. 1990년대까지만 해도 금융 분야는 매우 보수적이었고, 금융은 기술보다는 인간에 의존해야 마땅하다고 생각했기 때문이다. 금융 분야에서 누군가 발명을 하고 특허를 출원하는 일은 거의 드물었다. 게다가 그만큼 특허출원이 경영에 미치는 영향도 미미했다. 적극적으로 특허를 출원하겠다는 직원이 있었다면 오히려 경영진들이 반기지 않았을 수도 있다.

그러다가 2000년대 중반부터 상황이 달라지기 시작했다. 글로벌 금융기관들은 2004년을 기점으로 미국에 매년 약 100건 정도의 특허를 출원하기 시작했으며, 해를 거듭할수록 기하급수적으로 증가했다. 미국의 경우 2014년 한 해에만 600건 이상의 특허가 출원되었다. 현재까지 글로벌 금융기관•이 미국에 출원한 특허는 약 5,000여 건에 달한다.

가장 많이 출원한 곳은 뱅크오브아메리카다. 미국 전역을 포함해 전 세계 40개 이상의 나라에서 영업하고 있는 이 은행은 〈포춘〉 선정 미국 내 500대 기업의 99퍼센트, 세계적인 500대 기업의 80퍼센트와 비즈니스 관계를 맺고 있다고 한다. 그다음으로는 JP모건체이스, 골드만삭스Goldman Sachs, 모건스탠리, 시티은행Citibank, 웰스파고앤드컴퍼니Wells Fargo & Company 등의 순으로 나타났다. JP모건체이스, 시티은행, 웰스파고뱅크는 뱅크오브아메리카와 함께 미국 4대 은행에 속한다.

2000년대 중반 이후(2004~2011년)의 특허출원을 살펴보면 주로 컴퓨터를 이용한 데이터 처리, 거래Transation에 관한 출원이 많았다. 2000년대 중반부터 인터넷 뱅킹 사용자가 크게 증가하면서 이를 뒷받침해줄 기술이 각광받았다. 따라서 컴퓨터를 통한 온라인상 거래에 관한 특허출원이 많았고, 거래 자체가 증가함에 따라 데이터 처리에 대한 특허출원도 늘어났다고 볼 수 있다.

2000년대 후반에는 스마트폰이 대중화되면서 주로 PC를 통해 인터넷에 접속하던 방식을 크게 바꿔놓았고, 스마트폰을 이용한 금융 업무, 즉 모바일 뱅킹이 대세를 형성하는 계기가 되었다. 실제로 2011년 이후의 출원을 보면 모바일상에서의 거래 방식과 지불 등, 모바일 뱅킹에 관한 출원이 크게 증가했다. 그리고 스마트폰의 발전

* 20개 글로벌 금융기관을 대상으로 특허 검색을 실시한 결과다.

과 함께 개인 인증 및 보안을 위한 생체인식(음성인식, 지문인식, 홍채인식 등)에 관련된 다양한 출원이 늘어난 것도 눈에 띄는 부분이다.

세계적인 은행 골드만삭스가
IT 회사를 꿈꾸는 이유
—

골드만삭스의 경우 다른 금융기관들과 비교해 특허출원 건수가 많은 편이다. 골드만삭스는 약 520건의 특허를 출원하고 있는데, 이는 3,800건의 특허출원 활동을 보이고 있는 뱅크오브아메리카를 제외하면 다른 주요 금융기관인 JP모건체이스(약 960건), 웰스파고뱅크(약 260건), 모건스탠리(약 250건) 등과 비교할 때 자산 규모에 비해 많은 특허를 출원하고 있는 셈이다. 실제로 골드만삭스는 전체 매출의 7~9퍼센트 정도를 IT 분야에 투자하고 있는데, 매출의 3~4퍼센트만을 투자하는 타 금융기관에 비해 두 배가 넘는 수치다.

골드만삭스는 핀테크로 급변하고 있는 금융 환경에서 살아남기 위해 적극적인 변화를 모색하고 있는 기업이다. 한때는 600명이 넘었던 트레이더Trader(주식이나 채권 매매 시 자신의 포지션을 가지고 거래하거나 시세를 예측하면서 고객 간 거래를 중개하는 사람)가 지금은 손에 꼽을 만큼 소수만 남아 있고, 그 빈자리는 컴퓨터 엔지니어들이 차지하고 있으니 말이다.

골드만삭스 회장인 로이드 블랭크페인Lloyd Blankfein은 이렇게 말했다.

"골드만삭스는 IT 회사다."

골드만삭스의 이러한 변화 역시 2008년에 불어닥친 글로벌 금융 위기가 계기가 되었다. 2008년 이후 골드만삭스는 IT 분야의 투자를 확대하고 있다. 데이터마이너DataMiner, 켄쇼테크놀러지KenshoTechnology, 콘텍스트렐리반트ContextRelevant, 앤투이트Antuit 등과 같은 핀테크 관련 스타트업을 사들였다. 그리고 골드만삭스는 2016년 10월 데이터 분석을 통해 잠재고객을 파악해 대출을 시행하는 인터넷 신용대출 사이트 '마커스Marcus'를 오픈하며 핀테크 분야에 발을 내디뎠던 것이다.

이러한 골드만삭스가 최근 출원에 힘쓰는 기술 분야는 모바일 보안이다. 요즘 한참 화제가 되고 있는 블록체인에 관한 특허들도 눈에 띈다. 블록체인도 금융 보안의 일종이다. 원래 전통적인 금융의 가장 중요한 임무는 거래 장부를 안전하게 보관하는 것이다. 그래서 금융회사는 거래 장부에 이중 삼중 보안 장치를 다는데, 우리가 흔히 돈을 송금할 때 사용하는 개인 인증들도 바로 이러한 보안 장치 중 하나다.

그러나 블록체인 보안은 개인 인증과 같이 암호를 거는 방법과 달리, 거래에 참여하는 모든 사용자들과 거래 장부의 내용 전체를 공유한다. 즉 거래 당사자인 A와 B, 금융회사뿐 아니라 연결된 수많은 사람의 컴퓨터에 거래 장부가 저장된다. 이런 블록 거래 장부가 수없이 발생하고, 컴퓨터 시스템은 인터넷을 이용해 시시각각 모든 금융 거래의 블록을 서로 대조해 오류를 고치고 수정하면서 안정성을 확보하는 방식이다. 인간에게는 매우 복잡해 보이지만 네트워크를 통해 보안성은 더욱 강화되는 형태다.

골드만삭스가 최근 출원한 블록체인 관련 특허를 소개한다. 보안을 위한 암호용 화폐로 2015년 11월에 출원한 특허다. 암호용 화폐란 암호를 사용해 새로운 코인을 생성하거나 거래를 안전하게 진행할 수 있도록 매개하는 화폐인데, 대표적으로 알려진 암호용 화폐는 2009년에 등장한 비트코인이다. 암호용 화폐는 주식 등의 거래에서 거래 비용을 낮추고 보안성을 강화할 것이라고 기대되는 만큼 글로벌 금융기관들의 관심을 한 몸에 받고 있다. 그리고 이러한 암호용 화폐와 관련한 표준화 진행을 위해 글로벌 금융기관 사이에서 논의가 활발히 진행되고 있다. 머지않아 우리가 사용하던 기존 화폐가 사라지고 비트코인과 같은 가상화폐로 거래하는 시대가 올지도 모른다.

우리나라 금융기관의
특허로 본 변화들
▬

국내 금융기관은 변화하는 금융 환경에 어떻게 대응하고 있을까? 은행과 증권사 등이 최신 IT 기술을 적용한 다양한 서비스를 선보이고 있는 만큼 과연 특허출원도 활발할까? 조사 결과 몇몇 주요 은행을 제외하고는 해외 금융기관과 비교해 특허출원 활동이 저조한 것으로 나타났다.

은행, 카드, 증권, 보험사의 4대 금융기관이 국내에 출원한 특허는 약 3,000여 건으로 드러났다. 국내 금융기관도 2000년대 후반으로 들어서면서 특허출원 활동이 증가하는 양상이지만, 대부분 내수 위주로 진행되고 있다. 이는 해외에 출원된 특허 비중을 살펴보면 바로 알 수 있다. 금융기관의 특허 중 해외에 출원되고 있는 특허는 총 129건으로, 전체 출원의 4퍼센트에 불과하다.

게다가 2009년 이후 금융권 특허출원 활동은 급감하는 양상이다. 다양한 금융 서비스를 선보이는 것과는 달리 IT에 관한 투자는 미흡해 보인다. 오히려 보안 규제가 강화되면서 리스크 관리에 집중하고 있는 것이 아닌가 싶다.

가장 많은 특허출원 활동을 보이는 곳은 은행으로, 전체 금융기관이 출원하고 있는 특허의 약 73퍼센트를 차지하고 있다. 신한은행, IBK기업은행, 우리은행, 하나은행 등의 순인데, 이 중 신한은행이 총 1,117건의 특허를 출원해 국내 1위의 특허출원 금융기관으로 나

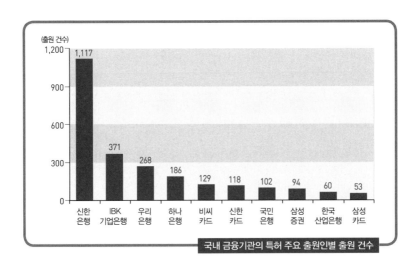

국내 금융기관의 특허 주요 출원인별 출원 건수

타났다.

카드사, 증권사, 보험사가 출원한 특허는 매우 미미한 편이다. 카드사 중 가장 많은 특허를 출원하고 있는 곳은 비씨카드(129건)이며, 증권사 중에는 삼성증권(94건), 보험사 중에는 삼성화재(26건)로 나타났다. 그런데도 기존 금융기관이 희망적인 이유는 변화하는 금융시장에서 시대의 흐름에 편승하고자 IT기업과의 적극적인 협업에 나서고 있다는 점이다. 대표적으로 신한은행의 경우 로보어드바이저Roboadviser 기업인 에스비씨엔, 데이터 큐레이션 전문기업인 인피니그루, 딥러닝 개발업체인 엠티콤 등과 협업을, IBK기업은행은 핀테크 기업인 아이비솔루션즈, 보안솔루션 스타트업 기업인 에버스핀, 로보어드바이저 스타트업 기업인 파운트 등과, KB금융은 스마트 스탬프 플랫폼 개발업체인 원투씨엠, IoT 보안 서비스 제공업체인 이와이엘 등과 협업을 추진한다는 소식을 전해 들을 수 있었다.

금융과 IT가 만난
핀테크의 세계

▬

금융과 IT 기술의 결합을 전문적인 용어로 핀테크FinTech라 한다. 그리고 이 용어는 최근 몇 년간 급속도로 확산되어 일반 용어처럼 쓰이고 있다. 학자들에 따르면 핀테크는 지난 2007년 미국에서 발생한 서브 프라임 모기지 사태 이후, 2008년 글로벌 금융 위기로 확산되면서 급속히 발전했다고 한다.

IT 기술은 그동안 진입 장벽이 높았던 금융시장을 허물었다. IT 기업의 새로운 먹거리로 떠오르면서 다양한 주체가 금융시장으로 뛰어들고 있다. 전 세계적으로 핀테크 특허는 1990년대 중반에 처음으로 100건이 넘게 출원되기 시작했고, 2000년과 2001년에는 한 해 약 300건이 넘는 특허들이 출원되었다. 그 뒤 출원 건수의 증감 폭은 크지 않은 채 지속적으로 유지되다가 2000년대 후반부터 현재까지 가파르게 증가하고 있다.

현재까지 전 세계적으로 핀테크와 관련해 1만 건 이상의 특허가 출원되었다. 의외로 적다고 생각될 수도 있다. 그러나 동일한 기술에 대해 여러 나라에 출원하는 형태의 특허패밀리를 모두 고려한다면 약 3만 7,000건가량의 특허가 출원된 셈이니, 어느 정도 수긍이 가는 수치라 할 것이다.

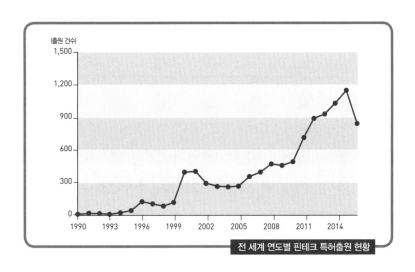

전 세계 연도별 핀테크 특허출원 현황

가장 많은 출원 활동을 보이고 있는 곳은 마스터카드, 비자, IBM으로 나타났다. 상위 3위 가운데 2개 기업이 기존 금융기관에 해당한다. 그러나 이후 출원인들을 보면 IT에 기반을 둔 기업들의 출원이 매우 활발하다는 사실을 알 수 있다. 국내 기업인 SK플래닛, ZTE, 이베이, 인제니코Ingenico, 삼성전자, 퍼스트데이터FirstData, 마이크로소프트, 비즈모델라인, 구글, 알리바바, 프랑스 텔레콤, 텐센트Tencent 등이다.

SK플래닛은 우리나라의 O2O(온라인과 오프라인이 결합하는 현상으로 전자상거래 또는 마케팅 분야에서 온라인과 오프라인이 연결되는 데 사용된다) 커머스 플랫폼이며, 이베이, 알리바바, 텐센트는 온라인 쇼핑몰이고, 마이크로소프트는 컴퓨터 관련 업체다. 그리고 ZTE, 인제니코, 삼성전자, 프랑스 텔레콤은 통신 및 스마트폰 영역에서 경쟁하고 있다. 인제니코는 업계 종사자가 아니라면 다소 생소한 기업일 수도 있다. 프랑스 기업으로 지급 및 결제 시스템을 개발하고 있으며, 현재 125개국 이상에 2,000만 대가 넘는 단말기를 통해 결제 솔루션을 제공하고 있다.

핀테크 시장에서
약진하는 중국

━

핀테크 출원의 또 다른 특징은 중국 기업들에 의한 출원 활동이다. 중국 기업들의 출원이 차지하는 비중은 전체 출원의 28퍼센트로, 미

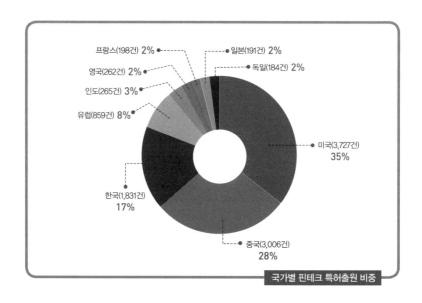

국 다음이다. 이 두 나라가 특허에서 차지하는 비중은 63퍼센트에 달한다. 핀테크 시장으로서 미국과 중국을 눈여겨봐야 한다는 뜻이다.

특허에서처럼 현재 핀테크 시장 자체도 미국과 중국에 의해 주도되고 있다. 특히 중국의 약진이 매우 눈에 띈다. 한 보고서에 따르면 전 세계 핀테크 투자 펀딩의 67퍼센트에 해당하는 260억 달러 규모의 투자가 미국에서 이루어지고 있으며, 그다음으로 7퍼센트에 해당하는 27억 달러의 투자가 중국에서 이루어지고 있다고 한다.[•] 물론 미국과는 압도적인 차이가 있지만 중국이 제2위의 규모를 자랑하고 있음은 분명한 사실이다.

중국은 온라인 및 모바일 결제 시장이 매우 활성화되어 있다. 특히

• 〈나라경제〉 2016년 4월, '미국 경제 issue'

모바일 결제 시장에서 압도적이다. 알리바바의 알리페이와 텐센트의 텐페이는 중국의 양대 모바일 결제 서비스라 하는데, 이 둘의 중국 내 점유율은 거의 90퍼센트에 육박한다. 그리고 이들은 이제 중국을 넘어서 동남아시아에서까지 격돌을 예고하고 있다.

중국 내 주요 출원인 중에서도 알리바바와 텐센트는 상위 출원인에 해당한다. 그 밖의 중국 내 주요 출원인으로는 ZTE, 네이션지테크놀로지스Nationz Technologies, 차이나유니온페이China Union Pay, 후지안란디커머셜이큅먼트 등을 꼽을 수 있다. 이들 가운데 차이나유니온페이는 국영기업으로, 최근 QR코드의 표준화를 내걸며 모바일 결제 시장의 진출을 알렸다. 표준화가 가능할 경우 다른 국영기업들도 사용할 수 있게 되어 앞으로 중국 내 결제 시장에 또 다른 변화가 예상된다.

핀테크 중심지 미국은
페이와 월렛 전쟁 중

▬

그렇다면 미국은 어떨까? 앞에서도 언급했지만 핀테크의 중심지는 미국이다. 미국에서 본격적으로 핀테크 관련 출원이 시작된 것은 2010년 이후부터다. 현재까지 약 4,000건의 특허가 출원되고 있다.

상위 3위의 출원인은 마스터카드, IBM, 이베이다. 전 세계 출원 3위 안에 드는 비자는 출원인 5위에 해당한다. 사실 비자는 의외로 중국 출원에 적극적인 것으로 나타났다. 물론 건수 자체는 적지만 출원인 상위 15위 안에 올라 있었다. 미국 출원에서는 IT 기업에 의한 출원이 더욱 두각을 나타낸다. 제2위 출원인인 IBM을 비롯해 이베이, 마이크로소프트, 퍼스트데이터, 페이팔PayPal, 구글, 삼성전자, 인제니코, 애플, 스프린트커뮤니케이션즈SprintCommunications, 아마존 등이다.

핀테크 시장에서 가장 화두가 되고 있는 것도 이들 IT 기업에 의한 'ㅇㅇ페이'와 'ㅇㅇ월렛' 전쟁이다. 이베이의 경우 자사 자체의 특허

▶ 미국의 핀테크 관련 상위 출원인

순위	업종	기업명	출원 건수
1	카드사	마스터카드	146
2	컴퓨터 등	IBM	75
3	전자상거래	이베이	74
4	은행	뱅크오브아메리카	67
5	카드사	비자	64
6	컴퓨터 등	마이크로소프트	61
7	결제 시스템	퍼스트데이터	54
8	결제 시스템	페이팔	44
9	인터넷	구글	39
10	은행	JP모건체이스	30
11	스마트폰 등	삼성전자	28
12	카드사	아메리칸익스프레스 트래블	28
13	결제 시스템	인제니코	25
14	스마트폰	애플	24
15	금융, 통신	웨스턴유니언	24

출원도 활발하지만, 상위 출원인에 속해 있는 페이팔을 인수해 자사 사이트 내 지급 결제 서비스를 '페이팔'에 연동하고 있다. 이베이의 경쟁자인 아마존은 온라인 결제 시스템인 '아마존 페이먼트'뿐만 아니라 전자지갑인 '아마존 월렛'도 선보이고 있다. 구글은 어떤가? '안드로이드페이'와 '구글 월렛'을 제공하고 있다. 그 밖에도 알리바바의 '알리페이', 삼성의 '삼성페이(루프페이)', 애플의 '애플페이' 등 너무도 다양하다.

미국에 출원된 특허에서도 이처럼 결제와 관련한 특허가 가장 많았다. 단순하게 특허 명칭에 결제라는 단어를 포함하는 특허가 전체 출원의 약 40퍼센트를 차지했고, 전자지갑도 다수의 특허가 출원되고 있었다. 보안 및 블록체인 등은 약 9퍼센트 정도다. 인증까지 포함한다면 약 12퍼센트의 비중을 차지하고 있다.

■ 나보다 나를 더 잘 아는 인공지능, 웨어러블 기기로 쇼핑하기

비자는 웨어러블 기기 사용자의 다양한 정보를 상거래에 이용할 수 있는 장치 및 시스템을 출원했다. 손목에 차는 스마트워치, 안경 형태의 스마트글라스, 머리띠 형태의 스마트밴드, 그 밖에 와이파이, 블루투스, GPS 신호 등을 주고받을 수 있는 기기들을 상거래에 이용하는 기술이다.

예를 들어 GPS나 와이파이, 블루투스 통신을 이용해 특정 상점이나 음식점 등에 가는 경우, 해당 지점에서 사용할 수 있는 쿠폰 등을 송신하거나 교통 정보 또는 쿠폰을 사용할 수 있는 가맹점 등의 정보를 송신할 수 있다. 그리고 모바일 지갑 같은 전자상거래 데이터를 이용해 지문, 홍채, 심장 박동수, 맥박, 뇌파 같은 신체 정보를 웨어러블 기기로부터 획득해 쇼핑에 사용하는 시스템에 대한 내용도 기재되어 있다. 지문, 홍채 등의 정보를 이용해 상점에 입장했을 때 사용자 신원 정보를 주고받는 시스템, 신원 정보를 이용해 주로 구매하는 물품이나 관심 있는 품목에 대한 쿠폰을 제공하는 시스템도 비자가 출원한 특허 기술 중 하나다.

그리고 기재되어 있는 내용 중 재미있는 것은 사용자의 상태 정보까지도 쇼핑에 사용할 수 있는 시스템이다. 특정 코너에서 심박수가 올라간다든지, 머무는 시간이 늘어난다든지, 사용자의 체온이 올라가 더운 상태가 되는 경우 관련된 품목의 정보를 제공하거나, 반대로 부정적인 상태에서 특정 정보를 제공하지 않는 시스템 등이다.

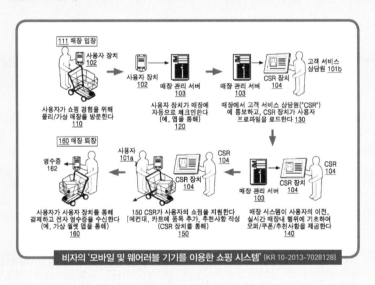

비자의 '모바일 및 웨어러블 기기를 이용한 쇼핑 시스템' (KR 10-2013-7028128)

물론 이러한 시스템이 사용자에게 딱 맞는 정보만 제공할 수 있다는 점에서 편리하고 좋을 수도 있지만, 사용자의 모든 정보가 송수신된다는 점에서 악용될 여지도 있어 주의가 필요하다.

우리나라 핀테크 기술의 흐름은?

미국, 중국 다음으로 핀테크 특허출원이 활발한 나라는 한국, EP, 인도, 영국, 프랑스, 일본 등의 순으로 나타났다. 흥미로운 점은 한국의 특허출원 활동이 상위권에 속한다는 점이다. 한국에서 지금까지 출원된 특허는 약 1,800건가량이다.

한국에서는 2000년에 급격한 출원 활동을 보였다. 아무래도 인터넷 뱅킹 및 전자결제가 저변으로 확대될 수 있는 환경이 갖춰졌기 때문이지 않을까 싶다. 이때의 특허들을 보면 인터넷 뱅킹, 스마트카드 결제 등의 특허들이 다수 포함되어 있다.

이후 우리나라는 그 흐름을 계속 이어가지 못하고 일시적인 출원 감소 경향을 보였다. 그래서일까? 앞으로 우리나라 금융업계가 세계 금융시장의 흐름을 따라가려면 적극적인 투자 등 특단의 조치가 필요하다는 의견이 전문가들 사이에 제기되기 시작했다.

만약 국내 특허출원 활동이 주로 해외 기업에 의해 이루어지고 있다면, 한국 기업은 핀테크에 적극적으로 대비하지 못하고 있다는 사실을 보여주는 것이다. 그러나 실제로 들여다본 결과, 해외 출원인에 의한 특허출원은 극히 일부에 불과했다.

한국이 과연 핀테크에 얼마나 경쟁력이 있는지는 출원된 특허의 품질이 얼마나 높은지도 살펴봐야 하나, 단순히 출원된 특허의 수만으로 핀테크 관련 투자에 소극적이라는 평가를 내리기에는 다소 고개를 갸우뚱할 수밖에 없다. 오히려 기술 개발에 대한 투자보다는 핀테크를 적용한 서비스를 실시하는 데 있어 제도적으로 풀어야 할 숙제가 많다는 의미가 아닐까?

이후 한국에서도 미국과 동일하게 2000년대 후반을 기점으로 또다시 핀테크 관련 특허출원이 급증하기 시작한다. 아마도 이 시기가 핀테크 관련 특허가 온라인 위주의 인터넷 뱅킹 및 결제 등에서 모바일 관련 핀테크 기술로 바뀌게 된 시점이 아닌가 싶다. 특히 2010년

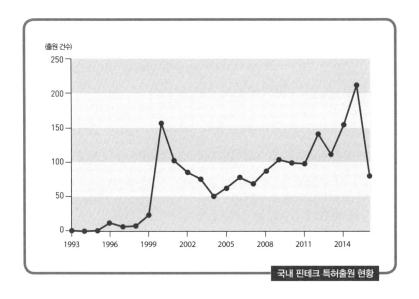

국내 핀테크 특허출원 현황

이후 출원된 특허들은 전체 출원의 약 44퍼센트를 차지한다. 이 중 모바일 결제와 관련한 특허들이 가장 많으며, 그다음으로 보안 및 인증, 전자지갑, 블록체인, 가상화폐, P2P^{Peer to Peer}(인터넷으로 다른 사용자의 컴퓨터에 접속해 각종 정보나 파일을 교환하고 공유할 수 있게 해주는 서비스) 등과 관련한 특허들이 주를 이루었다. 2000년대 초반 출원되었던 온라인 지불, 온라인 결제 등 인터넷 뱅킹에 국한되었던 특허들과는 확연히 차이가 있다.

참신한 아이디어,
국내 핀테크 특허출원 기업들
—

이번에는 주요 출원 기업들을 살펴보자. 한국에서의 주요 출원인은 SK플래닛, 비즈모델라인, KT, 신한은행, 티모넷, 삼성전자, LG유플러스, 코인플러그, SK텔레콤, 한국스마트카드 등으로 나타났다. 기존의 전통적인 금융기관에 의한 출원보다는 통신사에 의한 출원이 매우 두드러진다. 삼성전자는 상위 출원인에 속하긴 하지만, 미국에 출원하고 있는 건수를 생각한다면 국내 출원에는 적극적인 것 같지 않다. 은행으로는 신한은행이 유일하게 상위 출원인에 속해 있을 뿐 다른 기관에 의한 출원 활동은 소극적이다. 다른 카드사들도 마찬가지다. 앱카드, 모바일 결제 등 다양한 결제 수단을 제공하고 있지만 출원하고 있는 특허는 손꼽힌다.

한편 통신사들 사이에서도 유독 눈에 띄는 기업이 있다. 바로 비즈모델라인이다. 이름만 들어서는 엔터테인먼트사 등의 연예계와 관련 있는 기업이 아닐까 생각하게 되지만 실은 IT 관련 기업이다. 이 기업 자체는 일반인에게 그렇게 알려져 있지 않다. 비즈모델라인은 스타트업에 특허를 공여하고 추가적으로 그들이 사업을 추진하는 데 필요한 특허를 지속적으로 개발, 특허 포트폴리오를 구축해 스타트업을 지원한다. 그리고 이들 기업으로부터 추후 지분 또는 수익을 배분받는 방식으로 수익을 확보한다. 그래서 특허 엔젤 투자 기업으로 불린다.

현재까지 비즈모델라인은 국내에만 약 3,200건의 특허를 출원하고 있다. 무선 결제, 생체인증, 증강현실, 스마트폰 활용 매장 주문, OTP One Time Password(고정된 패스워드 대신 무작위로 생성되는 일회용 패스워드를 이용하는 사용자 인증 방식) 이용 결제, 위치 기반, 보안 운영, 인증서 관리, RFID 등과 관련한 특허들을 출원하고 있는데, 특히 핀테크 분야에서 매우 두각을 보이고 있다.

갤럭시아커뮤니케이션즈, 에어미디어 등과 공동 출원하고 있는 점도 눈에 띈다. 갤럭시아커뮤니케이션즈는 효성그룹의 계열사이면서 코스닥 상장사로, 결제 솔루션, 모바일 상품권 발행, 마일리지 적립 등 핀테크 시장에 대응한 사업 분야를 갖추고 있다. 갤럭시아커뮤니케이션즈가 지금까지 출원하고 있는 특허는 모두 86건이다. 에어미디어도 현재 장외 주식시장에서 거래되고 있는 기업으로, 증권, 뉴스, 날씨, 에어소프트 서비스와 관련한 무선 데이터 통신 등의 사업을 추진하고 있다.

그 밖에 티모넷도 상위 출원인에 해당한다. 우리가 휴대전화기에서 사용하고 있는 '모바일 티머니'를 제공하고 있는 기업이다. 2007년에 설립된 이 기업은 현재 티머니 운영 외에도 온라인 충전, 결제, 온라인 인증, 카 셰어링 등의 영역에서 사업을 추진하고 있다. 티모넷이 국내 출원한 특허는 총 81건으로 파악된다. 2007년 첫 출원을 시작으로 2009년 이후에는 지속적인 출원 증가를 보여주고 있다. 선불카드 로밍 결제 시스템, 휴대폰 이용 전자 지불 수단의 충전, 전자 지불 등 10건의 특허에 대해서는 해외에도 특허가 출원되어 있다. 특히 휴대전화기를 이용한 전자 지불 수단의 충전 금액 이전 시스템 및 그 방법과 관련해서는 총 8개 국가에 특허를 출원하고 있다.

티모넷의 경우에도 공동 출원이 발견된다. 한국스마트카드와 공동으로 출원한 특허가 9건이나 된다. 한국스마트카드는 교통카드 시스템을 개발해 운영하는 업체다. 공동으로 출원하고 있는 분야를 살펴보면 스마트카드 인증, 소액결제 인증, 선불카드 로밍 결제, P2P 쿠폰 관리 등이다. 사실 '모바일 티머니'는 티모넷과 한국스마트카드가 공동으로 제공하고 있는 서비스다. 티모넷은 한국스마트카드의 사내 벤처 1호로 출발한 IT 기업이다.

마지막으로 코인플러그다. 코인플러그는 블록체인 기술을 개발하는 국내 핀테크 회사다. 그리고 비트코인 선불카드인 OK비트카드를 만들어 판매하고 있으며, 전자지갑도 운영하고 있다. 현재 코인플러그가 한국에 출원하고 있는 특허는 34건이다. 출원 특허는 크게 블록체인 활용 기술과 가상화폐(비트코인 포함) 관련 특허로 나뉜다. 전자의 경우 공인인증 시스템 및 인증 방법, 금융기관 제증명 서류 위변조 검증 시스템 등과 관련해 출원되고 있으며, 가상화폐의 경우 주식발행 및 이전, 이종 국가 간 송금 시스템, 거래 시스템 등과 관련해 출원하고 있다.

■ 넷상의 거대한 공룡, 네이버와 카카오의 금융 서비스 진출

금융 이야기를 하면서 네이버와 카카오를 다루지 않는다면 왠지 섭섭하게 느껴진다. 전반적인 출원 건수가 많은 기업은 아니지만 국내에서는 주목받는 기업이기에, 이들이 출원한 특허에 대해 궁금한 사람들도 많을 것이다.

네이버는 기존 쇼핑몰 중계 서비스와 함께 운영하던 사이버머니를 시중 은행과 연계해, 오프라인에서도 자사 사이버머니를 사용할 수 있는 실물 체크카드를 출시했다. 카카오도 자사 메신저 서비스를 이용한 송금 서비스와 함께 최근 인터넷 은행을 출시했는데, 한 달 만에 300만 명이 계좌를 신청할 정도로 대중의 관심을 모으며 금융 서비스로 발을 넓히고 있다.

이 같은 네이버와 카카오의 금융 서비스 진출은 이미 서비스 초기부터 염두에 두었던 것으로 보인다. 두 기업의 서비스 초기였던 2000년에 각각 금융 관련 특허를 출원했는데, 카카오(당시 다음)는 2000년 5월에 '인터넷을 이용한 금융 서비스'와 함께 '인터넷 금융대출, 금융수신, 금융펀드 서비스 중개방법'에 대해 출원했고, 네이버도 그해 10월 '웹 메일을 이용한 송금 서비스'에 대한 특허를 출원했다.

그러나 그 이후 출원 기술 분야를 보면 두 기업은 금융보다는 대부분 결제 시스템에 대한 출원을 진행한다. 결제 방법 및 시스템이라는 점에서 유사해 보이지만 플랫폼 차이가 있음을 알 수 있다. 네이버의 경우 2000년대 중반에 인터넷 상에서의 결제 서비스에 대한 출원이 많았는데, 자사 포털 사이트의 온라인 쇼핑 중개 서비스를 뒷받침할 수 있는 기술로 보인다. 이 시기에 네이버가 국내 사이트 점유율 1위로 올라서면서 인터넷상에서 큰 영향력을 확보하게 되었고, 이를 이용한 온라인상에서의 결제 시스템에 대한 출원도 가장 많았다.

카카오는 네이버와 달리 주로 결제 관련 출원이 2010년 이후에 이루어졌다. 당시 카카오의 모바일 메신저 서비스가 출시와 함께 공전의 히트를 기록하면서 카카오는 모바일상에서 막강한 인프라를 보유하게 되었다. 인프라를 바탕으로 각종 모바일 서비스의 범위를 확장했고, 이는 네이버와 달리 카카오가 모바일 상에서의 결제 시스템에 대한 출원이 늘어나는 계기가 된 것으로 예상된다.

시대의 흐름에 따라 대세가 되는 플랫폼이 인터넷에서 모바일로 옮겨 가면서, 국내의 경우 모바일 메신저에 가입자를 많이 확보한 카카오의 영향력이 점점 더 커지고 있다. 게다가 인터넷 은행을 설립하면서 카카오가 금융 분야에서는 한발 앞서 나가는 모습을 보이고 있다. 그러나 네이버도 국내 최대의 인터넷 플랫폼을 보유한 만큼, 이를 이용한 금융 분야로의 진출도 지켜봐야 할 일이다.

안전한 전자상거래를 이끄는
블록체인

—

앞서 조금 언급하긴 했지만 최근 핀테크와 관련해 블록체인에 관한 관심도 매우 높다. 가상화폐를 암호화함으로써 안전한 거래를 진행하는 데 필요한 기반 기술이다. 블록체인 개념은 골드만삭스의 특허 출원 동향에서 언급했으니 참고 바란다.

전 세계적으로 블록체인과 관련해 출원된 특허는 1,000건이 채 되지 않는다. 2010년 이후 한두 건의 특허가 출원될 뿐이었으나, 2015년과 2016년 약 2년간에 걸쳐 엄청난 증가를 보이고 있다. 블록체인이 얼마나 최신 기술이며, 많은 기업들이 관심을 보이고 있는지 잘 알 수 있다.

특히 중국에서의 출원 활동이 미국보다 더 활발한 점은 놀랍다. 미국 출원이 전체 블록체인 관련 출원의 약 30퍼센트를 차지하는 반면, 중국은 무려 60퍼센트에 이른다. 이는 중국 정부의 비트코인 사업 육성 정책에 대한 기업들의 활발한 움직임을 반영한다. 한국은 약 4퍼센트의 비중을 차지하고 있을 뿐이다.

이제 막 출원이 시작되고 있는 분야인 만큼 절대적 강자는 없다. 가장 많이 출원하고 있는 기관인 뱅크오브아메리카도 30건 정도이며, 그 외 기업들의 경우 10건 안팎의 출원을 보여주고 있을 뿐이다. 놀랍게도 두 번째로 출원이 많은 기업이 국내 블록체인 전문 기업인 코인플러그였다. 그다음으로 부비네트워크(중국), 유니브일렉트로닉

(중국), FMR(미국), 알리바바(중국), IBM 등의 순으로 나타났다.

사실 블록체인을 이야기할 때 빼놓을 수 없는 것은 비트코인과 같은 가상화폐다. 블록체인은 비트코인을 거래하는 데 필요한 핵심 기술이기 때문이다. 가상화폐와 관련된 특허는 약 500건가량 출원되고 있다. 물론 가상화폐의 넓은 개념인 전자화폐*까지 포함한다면 약 2,600건가량이다. 아직까지는 전자화폐와 관련한 특허출원이 많다.

가상화폐와 관련해 특허가 가장 많이 출원되고 있는 국가는 미국이다. 전체 출원의 약 42퍼센트를 차지한다. 그리고 뜻밖에 한국이 전체 출원의 24퍼센트를 차지하며 미국 뒤를 잇고 있다. 그다음으로 중국, EP, 러시아, 일본 등의 순이다. 가상화폐와 관련한 특허도 2010년대 중반에 출원이 급증하는 모습을 보였다. 전체 출원 건수에서 알 수 있듯이 출원이 많은 기업이라고 해도 20건 미만에 불과하다. 가장 출원을 많이 하고 있는 기업으로 한국의 코인플러그가 올라 있다.

• 가상화폐는 전자화폐와는 다른 개념으로 보는 것이 맞다. 전자화폐는 전자송금, 전자결제, 사이버머니 등을 포함하는데, 어떤 형태로든 전자적으로 거래가 되면 전자화폐로 지칭된다. 그리고 전자화폐와 가상화폐의 가장 큰 차이는, 전자화폐는 중앙은행이 발행하는 통화지만 가상화폐는 그렇지 않다는 점이다. 화폐를 고안한 주체에 따라 발행되는 화폐이며, 해당 주체가 규정한 룰을 따른다. 특히 암호를 이용해 안전한 거래를 진행할 수 있게 하는 가상화폐를 암호화폐 또는 비트코인이라고 한다.

편리할수록 철저하게,
생체인증과 사이버 보안 특허들

▬

모바일 결제와 온라인 전문 은행 등이 널리 보급될수록 문제가 되는 것은 보안이다. 과연 스마트폰을 사용할 때 발생할 수 있는 해킹을 어떻게 막을지가 관건이다. 그래서 최근 출시되는 스마트폰을 보면 보안을 강조한 제품들이 많다. 얼마 전까지만 해도 지문인증이 적용된 스마트폰이 출시되었는데, 2017년 4월 출시된 삼성의 갤럭시S8은 지문인식은 물론 홍채인식, 얼굴인식도 탑재되어 있다. 세 가지 보안 기능을 전부 갖춘 스마트폰은 갤럭시S8이 처음이라고 한다. 삼성전자는 특히 금융업체와 협력해 모바일 금융 업무에 홍채인증을 사용할 수 있도록 했다. 한편 애플은 얼굴인식을 강조한 스마트폰을 출시한다고 한다.

멀쩡하게 잘 사용하던 지문인식을 놔두고 또 다른 인식 기능을 탑재하는 이유는 무엇일까? 보안성이 낮다는 지문인식의 문제점을 해소하기 위함이다. 두 번째는 디자인이 아닐까 싶다. 최신 스마트폰 사용자라면 스마트폰의 홈 버튼이 사라졌음을 알게 되었을 것이다. 갤럭시S8을 보면 한눈에 알 수 있다. 홈 버튼 없이 보안성을 강조할 수 있는 인식 기능으로서 지문인식보다 홍채인식이나 얼굴인식이 더 적절할지도 모른다.

그럼 국내에서 출원된 생체인증 관련 특허는 어느 정도나 될까? 지금까지 총 4,163건의 특허가 출원된 것으로 파악되었다. 특허의

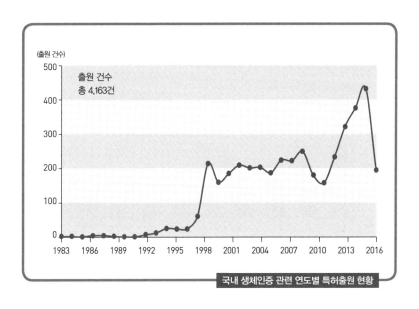

국내 생체인증 관련 연도별 특허출원 현황

대부분은 2000년 이후에 출원된 것들이다. 특히 2011년에 스마트폰에 최초로 지문인식 기능이 도입되었는데, 이는 스마트폰의 생체인식 활용 촉진에 큰 영향을 미쳤다. 특허출원 또한 2011년을 기점으로 가파르게 상승하는 모습을 보이고 있다.

가장 많은 출원 활동을 보이고 있는 기업은 역시 삼성전자와 LG전자다. 특히 삼성전자는 최근 10년 동안 출원 활동에 있어 압도적이다. 두 기업 모두 2013년의 경우 지문인식 관련 기술에 대한 특허출원에 집중하는 모습을 보였지만, 2014년부터는 지문인식 외에 홍채인식, 얼굴인식 등과 관련한 특허출원도 늘고 있다.

중소기업에 해당하는 슈프리마는 슈프리마에이치큐의 생체인식 시스템 및 생체인식 솔루션 사업 부문의 인적 분할로 설립된 회사로, 세계 50대 보안 제조사에 속한다. 한국에만 90여 건의 출원을 비롯

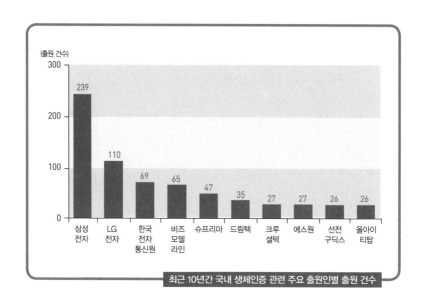

(출원 건수)

최근 10년간 국내 생체인증 관련 주요 출원인별 출원 건수

하여 미국 35건, 중국 13건, EP 7건, 독일 2건 등 해외 출원 활동도 하고 있다. 한편, 앞서 소개했던 비즈모델라인의 경우 2010년에 유독 더 많은 출원 활동을 보였는데, 대부분 생체인증을 이용한 모바일 결제 관련 출원인 것으로 나타났다.

생체인증 수단별로 살펴보면 가장 많은 특허출원은 예상했던 것처럼 지문인식(47%)이었으며, 이어 얼굴인식, 홍채인식, 음성인식, 혈관인식, 손 모양 인식 등의 순으로 나타났다. 이 중 얼굴인식은 최근 주목받기 시작했지만 특허출원은 이미 2000년대부터 꾸준히 있어왔다. 아무래도 출입 관련 보안 분야에서 얼굴인식 기술이 주로 연구되었기 때문일 것이다. 홍채인식의 경우, 2000년대 초반에 LG전자가 가장 먼저 출원한 것으로 파악됐지만 관련 출원이 계속 이어지지는 못했다. 그러다가 2000년대 후반에 들어서 다시 출원 활동을 보

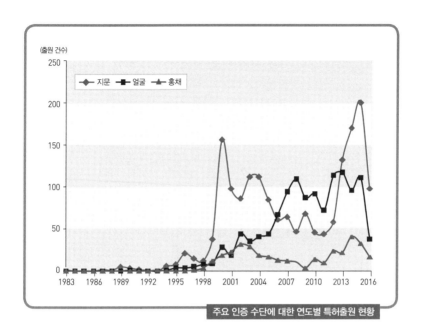

(출원 건수)

주요 인증 수단에 대한 연도별 특허출원 현황

이기 시작하는데, 이때는 이미 LG전자뿐만 아니라 삼성전자, 여타 벤처기업들의 특허출원 활동도 엿볼 수 있다.

그러므로 여기에서는 널리 사용되어온 지문인식보다는 새롭게 적용되고 있는 인증과 관련한 특허를 살펴볼까 한다. 삼성전자가 적용하고 있는 홍채인식 기술을 살펴보자. 사실 홍채는 개개인마다 패턴이 모두 다르고 평생 동안 변하지 않는 특성 때문에, 이를 이용한 보안 기술이 각광받고 있다. 다시 말해 사람마다 눈 크기 및 동공 크기가 다르고, 상황에 따라서는 변할 수도 있으며, 주위 밝기에 따라서도 인식률에 차이가 있을 수 있다. 이러한 특성 때문에 정확한 인식, 즉 인식률을 높이려면 높은 기술력이 필요하다.

삼성전자의 홍채인식 관련 특허출원을 살펴보면, 다양한 방법으로

홍채인식의 정확도와 안정성을 높이기 위한 기술들이 연구되고 있음
을 확인할 수 있다. 사용자의 눈을 보호하며 적정한 양의 빛을 제공

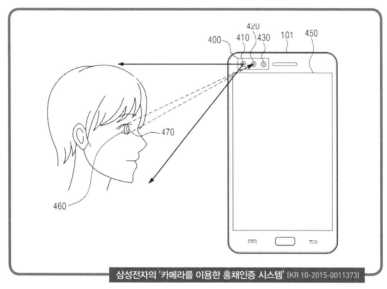

삼성전자의 '카메라를 이용한 홍채인증 시스템' (KR 10-2015-0011373)

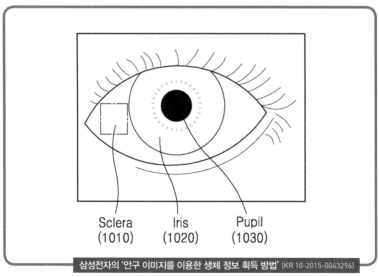

삼성전자의 '안구 이미지를 이용한 생체 정보 획득 방법' (KR 10-2015-0043296)

해 안정적으로 홍채를 촬영하는 기술, 촬영되는 사용자의 얼굴에 대한 거리 정보와 이미지 정보를 이용해 보다 빠르게 홍채를 검출하는 기술, 홍채와 센서 사이의 매질의 특성을 분석해 빛반사를 제거하는 기술 등은 단시간 내에 정확하게 홍채를 인식하기 위한 기술들이다.

또한 그렇게 촬영된 이미지들 중에서 또렷하게 홍채 부분이 촬영된 이미지를 선택하는 기술, 홍채 주변의 공막Sclera 영역에서 혈류량이나 맥박 등의 생체 정보를 획득하거나 그 밖에도 홍채의 경계선, 지름, 색깔, 크기 등을 통해 정확하게 사용자 정보를 인식할 수 있는 기술들이 개발되고 있다.

이처럼 최근 모바일 및 온라인에서 할 수 있는 작업이 많아지면서 사용하는 기기들에 대한 다양한 인증 및 인식 방법이 속속 등장하고 있다. 따로 비밀번호를 외울 필요가 없고, 별도로 인증서를 들고 다녀야 하는 불편도 없어 지문인식, 정맥인식, 음성인식, 홍채인식 등 우리 신체의 생체 정보를 이용하는 인증 기술들이 끊임없이 개발되고 있는 것이다.

그러나 생체 정보는 양날의 칼이다. 생체 정보가 각자 개인만이 갖는 유일한 정보이기에 보안에 적합하다고 고려되고 있지만, 반대로 이를 담고 있는 기기들로부터 생체 정보가 유출된다면 그 피해 규모와 범위는 기존의 보안 방식에 비해 상상을 초월할 것이다.

삼성전자의 '생체 정보처리에 대한 특허'(KR 10-2017-0076498)는 이러한 보안 문제를 해결하기 위해 가상 생체 정보를 이용하는 방식을 택했다. 생체 정보 이용 시 센서를 통해 얻은 생체 정보를 그대로 사용하지 않고, 이에 대응하는 가상의 생체 정보를 결정해 인증에 사용하는 것이 기술의 핵심이다. 가상의 생체 정보를 사용하기 때문에 사용자의 정보가 노출될 가능성이 적고, 임의로 정보 변경이 가능해 보안상으로도 안전성이 높아질 수 있다.

생체인증과 더불어 우리는 사이버 보안도 나날이 중요해지고 있음을 느낄 것이다. 특히 금융이 인터넷 금융, 모바일 금융으로 진화하면서 더욱더 그렇다. 2017년 현재를 사는 우리들은 누구나 이런 의문을 안고 있지 않을까. 과연 카카오뱅크는 우리가 돈을 맡기기에 충분히 안전할까.

현재, 카카오뱅크는 사이버 보안과 관련하여 여러 업체들과 협력하고 있는 것으로 보인다. 세계 최대 보안 솔루션 업체인 시스코를 비롯하여 탈레스, 국내 기업인 드림시큐리티 등이 언급되고 있다.

우선 시스코는 1984년 샌프란시스코에 설립된 미국의 정보통신 회사다. 네트워크 장비 전문업체이며, 특히 네트워크 보안에 탁월하다. 현재 전 세계 시장 점유율 1위를 차지하고 있는 거대 기업이기도 하다.

시스코가 지금까지 미국에 출원한 특허는 약 1만 4,000건이 넘는다. 디지털 정보 전송과 디지털 데이터 처리와 관련한 특허가 전체 출원 특허의 63퍼센트를 차지한다. 이 중 보안과 관련한 특허는 어느 정도나 될까? 발명의 명칭 안에 보안이라는 단어를 포함하는 특허는 약 400건이 넘는 것으로 나타났다. 최근에는 클라우드 보안, 하이브리드 클라우드 보안, 가상화에서의 보안, 다수의 보안 제품에 대한 보안 정책, 네트워크 망 보안, 모니터링, 통신 보안 등과 관련한 특허 출원이 눈에 띈다.

탈레스는 프랑스의 대표적인 기업으로 세계 10위권의 방산업체다. 방산기업이지만 많은 자회사를 보유하고 있어 다양한 분야에 진출해 있다. 그중 탈레스e시큐리티는 탈레스 그룹의 사이버 보안 관련 자회사로, 데이터 보안과 암호화 관련하여 세계적으로 높은 수준의 기술력을 가지고 있다.

여러 분야에 진출해 있는 만큼 탈레스가 출원하고 있는 특허는 매우 방대하지만, 사이버 보안으로만 한정지어 살펴볼 경우, 우리나라를 비롯해 유럽, 프랑스, 미국, 중국, 일본 등에 약 400여 개의 특허를 출원하고 있는 것으로 파악된다. 카카오뱅크뿐만 아니라 국내 인터넷 전문 은행 1호인 케이뱅크에도 암호화 솔루션을 공급하고 있다. 향후 국내 핀테크 시장으로의 본격적 진출이 예상되는 상황이다.

마지막으로 드림시큐리티는 암호, 인증, 인식 등의 보안 기술이 적용된 제품과 서비스를 제공하는 국내 업체로, 1998년에 설립되었다. 현재 코스닥 상장사이기도 하다. 이 기업이 지금까지 국내에 출원한 특허는 총 32건으로 나타났으며, 전자 인증, 2채널 인증, 보안 토큰 이용 인증, 암호화 방식 인증 등과 관련한 특허들을 출원하고 있다. 그 밖에도 이와 관련한 데이터 처리 방법, 검증 방법 등의 특허들도 눈에 띈다.

정말로 현금 없는 세계가 우리 곁에 바짝 다가오고 있는 듯하다. 기존 은행 대신 온라인 전문 은행이 생겨났고, 현금과 카드가 필요

없는 모바일 결제가 엄청난 속도로 확산되고 있다. '보안'이라는 기술의 발전이 이를 가능케 했다고 해도 과언이 아니다. 얼마 전에 개점한 카카오뱅크는 간단한 본인 인증만으로 충분한 거래가 가능하다. 기존 은행을 떠올려보자. 너무도 많은 서류를 제대로 읽어보지도 못한 채 그냥 사인을 해오지 않았나? 게다가 카카오뱅크는 공인인증서도 필요 없다. 간편함과 보안이라는 두 마리 토끼를 다 잡은 것이다.

결제는 또 어떤가? 삼성페이, 페이나우, 카카오페이, 페이코, 네이버페이 등 'ㅇㅇ페이'가 현금과 신용카드를 대체하고 있다. 사실 모바일 결제 분야가 더욱 경쟁이 치열한 이유는 그 뒤에 고객에 대한 막대한 데이터가 있기 때문이다. 빅데이터 말이다. 아마존을 보라. 보유한 고객 데이터를 통해 그들이 얼마나 큰 성장을 이루었는가?

미래 비즈니스 전쟁,
기술을 선점하라

4차 산업혁명 시대! 얼마 전부터 온 세상을 떠들썩하게 만들고 있는 말이다. 우리는 이번 작업을 진행하면서, 특허의 세계에서는 벌써 오래전부터 4차 산업혁명이 이루어지고 있었다는 사실을 확인했다.

오늘 아침 인터넷에서 구글의 기업 정보를 검색해보니 인터넷, 소프트 기업이라고만 나와 있었다. 그러나 우리가 본 특허 세계에서의 구글은 집 안 곳곳을 감지해 데이터에 의해 홈 네트워크를 제어할 수 있는 패프릭 네트워크를 비롯해 가전기기를 제어하는 인공지능 스피커, 혈당을 체크할 수 있는 콘택트렌즈와 스마트워치, 합류 지점이나 공사 구역 또는 장애물 등 운행이 쉽지 않은 상황에서 판단하는 자율주행, 증강현실 기기인 구글글라스를 비롯한 투과형 HMD, 증강현실 기술이 적용된 인터랙티브 북과 스마트 결제에 이르기까지, 거의 모든 일상생활의 영역에 걸쳐 특허를 출원해놓고 있었다. 이를 보면 구글의 비즈니스는 이미 인터넷을 넘어 모든 생활 영역에서 우리 발밑까지 도달해 있음을 느끼게 된다. 구글뿐 아니라 삼성전자, IBM, 퀄컴, 인텔, 마이크로소프트, 아마존 등 대표적인 ICT 기업들의 활약상을 곳곳에서 분명히 확인할 수 있었다.

전 산업 영역에서 그동안 쏟아져 나온 특허의 양은 실로 어마어마하고, 지금 이 순간에도 계속해서 새로운 특허가 공개되고 있다. 그럼에도 이러한 방대한 양의 특허 데이터는 그간 특허와 특허 정보를 '업'으로 다루는 사람들 사이에서만 독점적으로 활용되어온 것이 현실이다.

우리는 이번 작업을 통해, 그동안 특허와 특허 정보에 익숙하지 않았던 이들에게, 특허가 우리 삶과 떨어져 있는 별개의 것이 아니라 현대인의 생활과 비즈니스에 있어 반드시 알아야 할 필수 사항이라는 사실을 알릴 수 있을 것이라 판단했다. 그래서 주제 역시 스마트홈, 스마트 의료, 자동차, AR/VR 문화, 핀테크 등 일반인들의 생활과 가급적 친숙한 분야로 선별했고, 각 분야의 특허로부터 도출된 의미 있는 정보와 콘텐츠들을 나름대로 흥미 있게 소개하고자 노력을 기울였다.

기술적으로 놀라운 혁신을 이룩한 난해한 특허를 소개하기보다는 친숙하고 재미있는 특허들, 그림만으로도 직관적으로 내용을 파악할 수 있는 특허들을 다루었기 때문에, 기술에 대한 깊이 있는 이해를 얻고 싶은 독자들의 요구까지 충족시키기는 어려울 것이다.

또한 새로운 기업을 소개할 때도 기업이나 산업 정보에 깊은 이해를 가진 전문가의 관점이 아니라 어디까지나 특허 정보에 충실하게,

그간 일반인들에게 잘 알려지지 않은 기업들과 눈에 띄는 특이한 기업들 위주로 소개했다. 따라서 해당 영역의 유망 기업을 빠짐없이 다룬 것은 아니라는 점을 일러두고자 한다.

분명한 것은 특허가 기업들의 연구 개발과 기술혁신, 비즈니스 전략과 밀접한 관계를 지닌 고급 정보라는 점이다. 이러한 정보를 잘 활용함으로써 알려지지 않은 더 중요하고 새로운 정보들을 얻을 수 있다는 경험과 확신이 있었기에, 우리는 주저 없이 이번 작업을 진행할 수 있었다.

기업들이 국내외를 통해 특허를 출원하고 등록을 유지하는 일련의 활동들에는 만만치 않은 비용이 발생하며, 기술 유출이나 소송으로 인한 경영상 손실과 위험을 감소시키기 위해서라도 특허출원은 결코 소홀히 다룰 수 없는 일임이 분명하다. 그렇기에 이 과정에서 발생하는 특허 정보는 기업의 기술 개발이나 비즈니스 전략과도 긴밀히 맞닿아 있는, 잘 정제된 정보라 할 수 있을 것이다.

이 책의 흐름과 맞지 않아 다루지는 않았으나, 비즈니스의 변화를 설명하는 키워드로 특허가 얼마나 중요한지를 보여주는 사례 하나를 소개하면서 마침표를 찍고자 한다.

최근 아마존이 드론 배송이나 아마존 고 등 새로운 시도를 자주 하면서, 우리는 아마존의 비즈니스 전략을 파악하고자 아마존이 출원한 특허 외에도 특허권을 양수한 특허를 분석한 적이 있다.

아마존이 양수한 미국 특허는 약 800건가량이었는데, 이 특허의 출원인을 보니 상위 명단에 롤스, 리쿠아비스타 등과 함께 삼성디스플레이가 있었다. 아마존에게 양도한 삼성디스플레이의 특허를 살펴보니 전자책 단말기에 사용하는 전자잉크 디스플레이에 관한 것으로, 리쿠아비스타로부터 삼성이 양수하거나 양수한 이후 추가 개발을 통해 직접 출원한 특허들이었다.

이를 통해 우리가 확인한 사항은, 삼성전자가 2011년 네덜란드 디스플레이 R&D 기업인 리쿠아비스타를 인수해 차세대 디스플레이 개발을 발표했으나 2년 만에 그 사업을 포기했고, 2013년 리쿠아비스타를 포함해 삼성이 추가 개발한 모든 기술을 아마존에 양도했다는 사실이다.

아마존이 온라인 서점에서 한때 전자책 단말기인 '킨들'로 끌었던 인기를 기억하는 독자들이 있을 것이다. 삼성으로부터 리쿠아비스타를 인수하게 된 아마존이 2016년 2월 리쿠아비스타 디스플레이기를 생산하기 위해 중국에 제조팀을 구성했다고 발표한 것으로 볼 때, 아마존이 컬러 전자책을 통해 다시금 '킨들의 부활'을 꿈꾸고 있음을 어렵지 않게 유추해볼 수 있겠다.

이렇듯 새로운 특허가 출원되고 양수 또는 양도되는 과정을 면밀히 들여다보면 각 기업의 경영 전략과 미래에 대한 투자 방향 및 전망 등을 대략 가늠해볼 수 있다.

4차 산업혁명 시대는 국경 없는 무한 경제 전쟁 시대가 될 것이며, 특허는 총알이나 대포 또는 그 이상의 대단한 위력을 발휘하게 될 것이다. 누가 먼저 이를 선점하느냐에 따라 전쟁의 승자와 패자가 드러날 것임은 자명하다. 따라서 기업이든 국가든 끝없는 연구와 개발로 새로운 특허를 만들어내는 일에 주력하는 동시에, 세계 시장에서 특허의 이동과 흐름이 어떻게 전개되는지를 면밀히 분석해 대응하는 것 또한 아무리 강조해도 지나치지 않을 만큼 중요하다.

이 책이 미래 기술 트렌드를 파악하고 비즈니스의 인사이트를 얻는 계기가 되길 바란다. 앞으로도 우리는 계속해서 어떤 기업이 어떤 미래를 준비하고 있는지, 특허를 통해 끊임없이 들여다보고 소개할 것이다.

미래 비즈니스를 꿰뚫는 힘

테크센싱 2020

제1판 1쇄 인쇄 | 2017년 12월 11일
제1판 1쇄 발행 | 2017년 12월 18일

지은이 | 윕스(WIPS)
펴낸이 | 한경준
펴낸곳 | 한국경제신문 한경BP
편집주간 | 전준석
책임편집 | 이혜영
저작권 | 백상아
기획 | 유능한
홍보 | 남영란·조아라
마케팅 | 배한일·김규형
디자인 | 김홍신

주소 | 서울특별시 중구 청파로 463
기획출판팀 | 02-3604-553~6
영업마케팅팀 | 02-3604-595, 583 FAX | 02-3604-599
H | http://bp.hankyung.com   E | bp@hankyung.com
T | @hankbp   F | www.facebook.com/hankyungbp
등록 | 제 2-315(1967. 5. 15)

ISBN   978-89-475-4284-5   (03320)